ASBJORN ANGELSEN

NORVÈGE

CARNETS DE ROUTE MARCUS

Asbjorn Angelsen est Norvégien. Il a dirigé pendant de nombreuses années l'agence de voyages Nord-Espaces, spécialiste des pays nordiques.

Les éditions Marcus remercient l'Office National de Tourisme de Norvège pour son aide.

Photographies : © Innovation Norway :
© Nancy Bundt : p. 16-17, 21, 31, 47, 50, 53, 55, 56, 57 ; © Jens Henrik Nybo : p. 3, 26, 69, 78, 83, 109, 111 ; Johan Wildhagen : p. 29, 36, 67, 110, 114, 120 ; © Terje Rakke : p. 8, 99 ; © Terje Rakke/Nordic Life : p. 88, 97, 101 ; © Anders Gjengedal : p. 7, 37, 62-63, 85 ; © Per Eide : p. 5, 32, 104 ; © Innovation Norway : p. 14, 39, 94 ; © Marte Kopperud : p. 81, 87 ; © Frithjof Fure : p. 116-117 ; © Erik Jørgensen : p. 79, 91 ; © Pål Bugge/inn : p. 49, 106 ; © Harald Valderhaug : p. 15, 42 ; © Anders Nielsen : p. 70-71 ; © Frithjof Fure : p. 118 ; © Kjersti Solberg Monsen : p. 19 ; © Johan Berge : p. 82 ; © Matti Bernitz : p. 64 ; © Kurt Hamann : p. 68.

Cartes et plans : Légendes Cartographie © éditions Marcus.

Illustrations : Isabelle Dro @ Éditions Marcus

Collection dirigée par Patrick Arfi.

Direction éditoriale : Vanessa Pignarre.

Édition : Camille Bouchez.

Dans la même collection

Afrique australe
Andalousie
Baléares
Bali
Chine
Cuba
Égypte
États-Unis Ouest et centre
Florence
Grèce
Inde du Nord
Jordanie
Kenya-Tanzanie
Lisbonne
Maldives
Maroc
Mexique
Israël : le nord et la Galilée
Océan indien
Ombrie
Ouzbékistan
Portugal
Prague et la République tchèque
Québec
République dominicaine
Rome
Sardaigne
Sénégal
Sicile
Tel Aviv
Thaïlande
Tunisie
Venise
Vietnam

Les éditions Marcus apportent le plus grand soin à la publication de leurs guides. Ils sont libres de toute publicité et rédigés par des auteurs qualifiés. Néanmoins, nous remercions nos lecteurs de bien vouloir nous signaler toute erreur éventuelle.

Les Carnets de Route ont pour but de présenter l'essentiel d'un pays, en mettant l'accent sur les sites culturels ou naturels. Ils ne comportent que des renseignements pratiques d'ordre général et un minimum d'adresses pratiques pour les grandes villes et lieux touristiques.

Dépôt légal : mai 2009
ISBN : 978-2-7131-0288-2

Habitant un pays d'eau, de montagnes et de forêts, les Norvégiens aiment à vivre au contact de la nature dans des maisons en bois souvent colorées.

LA ROUTE DES MERS DU NORD

« La route des mers du Nord » : c'est à peu près ainsi que l'on pourrait traduire le mot *Norge* (ou *Noreg*, on prononce norègue) qui désigne la Norvège. Ce pays, grand comme l'Italie, s'étire en un long ruban sur près de 2000 kilomètres du cap Nord à Lindesnes, à la pointe sud et présente un paysage de montagnes sauvages, toujours hantées par les héros de la mythologie scandinave de fjords profonds, de glaciers étincelants, de bruyantes cascades.

Les conditions de vie sont dures sur ce territoire très peu peuplé, largement ouvert sur un océan tempétueux qui lui apporte l'essentiel de ses ressources. Un pays dont le tiers de la superficie se situe au nord du Cercle arctique, domaine de la nuit sans nuit (trois mois de l'année), du jour sans jour (trois autres mois), de la grande douceur climatique de l'été mais aussi des hivers les plus rigoureux.

Quatre Norvégiens sur cinq vivent au bord ou à proximité de la mer, parmi plusieurs centaines de milliers d'oiseaux. Ce peuple de conquérants, de marchands, de marins, à la fois audacieux et aventurier, fut en Europe un pionnier dans la reconnaissance des droits de l'Homme ; cette société des grandes blondeurs, qui inventa l'État providence, se signale aussi par son application scrupuleuse des règles d'hygiène, par sa vénération de la nature (qui pourtant n'a jamais été très généreuse à son encontre), par sa réserve vis-à-vis des visiteurs étrangers.

Que l'on se rassure pourtant, les barrières sont vite abattues, mêmes celles de la langue, qui est loin de nous être familière. La Norvège offre en effet beaucoup d'amitié ; on gardera le souvenir d'un pays fastueux tant par la splendeur de ses paysages sauvages que par la gentillesse et la générosité de ses habitants.

GÉOGRAPHIE

Véritable muraille entre l'Atlantique et le reste de la Scandinavie, dont elle constitue la face ouest du « bouclier », la Norvège s'étend sur 1 752 kilomètres de long entre les 56° et 71° parallèles de latitude nord. Sa largeur, dans le sud, atteint 430 kilomètres, alors que dans le Grand Nord (au niveau de Narvik), elle ne dépasse pas 6,3 kilomètres. Sa superficie totale est de 324 219 km^2, c'est-à-dire 60 % de celle de la France, dont plus de 100 000 km^2 se situent au nord du Cercle arctique.

Précédé de 150 000 îles et îlots, le littoral se développe sur 3 400 kilomètres mais en réalité sa longueur déployée est de 21 612 kilomètres en raison notamment de l'extrême déchiquetage de la côte ouest. À l'est, la frontière avec la Suède se déploie sur 1 619 kilomètres ; avec la Finlande, sur 727 kilomètres et avec la Russie, tout au nord sur près de 200 kilomètres.

Les trois-quarts du pays sont occupés par les montagnes, avec près d'une centaine de sommets dépassant 1 500 mètres. L'altitude moyenne se situe autour de 300 mètres car, dans le Nord, les hauts plateaux ne dépassent qu'exceptionnellement 700 mètres. Environ 1/5 de la Norvège est recouverte par la forêt qui reste peu exploitée, en raison de son relief, mais aussi parce que l'intérieur du pays est extrêmement peu peuplé. Vestiges de l'époque glaciaire, les quelque 20 000 lacs (quatre fois moins nombreux qu'en Suède) sont parfois très profonds : 450 mètres pour le plus grand d'entre eux, le **lac Mjøsa** (368 km^2), et un record en Europe, avec le **Hornindalsvatn**, dont la profondeur approche les 500 mètres.

Mais la Norvège, aux paysages spectaculaires, est d'abord un territoire de fjords splendides, de glaciers, de cascades, de rivières vives et de torrents, un territoire où les éléments se déchaînent : glissements de terrains, avalanches, inondations, tempêtes (et pas seulement en mer), expliquant la richesse du folklore surnaturel. Ce dernier a engendré les sagas du Moyen Âge avec ses géants (les trolls), ses lutins, ses dieux mythologiques, comme Thor armé du tonnerre ou encore Wotan, qui emportait les hommes morts au combat vers les festins célestes du Walhalla, le paradis des héros.

Les fjords

Entre 8 000 et 1 500 environ avant J.-C., le « grand glacier » acheva de se retirer au sud de la Scandinavie, les fjords immenses, que ses langues creusèrent, composent donc un paysage

Le Geirangerfjord est un des plus beaux fjords de Norvège, avec ses eaux turquoise, ses sommets enneigés et ses nombreuses cascades comme celle des « Sept sœurs » qui dévale ses parois abruptes.

jeune. Autre conséquence de ce bouleversement: la fonte provoqua un relèvement des eaux marines, ce qui explique le comblement des grands couloirs par les eaux salées de l'océan. Vastes plans d'eau, en forme de rubans scintillants, d'un vert acide, au-dessus desquels flottent souvent des nuages de brume, les fjords sont l'un des grands attraits, le plus grand peut-être, de la Norvège. Leur profondeur (1 220 m dans le **Sognefjord**), leur longueur (le même fjord peut s'étirer sur plus de 200 kilomètres comme le Sognefjord; celui d'Oslo très large atteint près de 100 kilomètres), leur étroitesse, souvent entre de hautes parois verticales, le silence qui y règne, sauf là où chutent les grandes cascades, sont vraiment surprenants. En haut, se profilent les sommets coiffés de neiges éternelles, parfois un glacier tout en bas, et çà et là, la tache verte d'une petite prairie, avec toujours quelques maisonnettes isolées ou groupées en hameau.

Le paysage est particulièrement saisissant, surtout depuis les routes d'altitude ou lorsque l'on emprunte un navire de promenade, parfois un vrai paquebot qui parcourt les interminables sinuosités en laissant l'impression que les hautes parois verticales des rives se referment sur son passage, comme dans le superbe **fjord de Geiranger**.

Les montagnes

Une constatation d'abord, l'ensemble des plus hauts sommets ne se situe pas sur la frontière suédoise, mais dans la zone nord de la région des fjords de l'Ouest. Si beaucoup de montagnes y dépassent 2 000 m, aucune cependant n'atteint 2 500 m. Points culminants, dans le massif du Jotunheimen, le **Galdhøpigg** (2 469 m) et le **Glittertind** (2 470 m) sont d'ailleurs très proches l'un de l'autre. La plupart des massifs, entre les lacis des fjords, sont des Parcs nationaux, accessibles aux randonneurs, et pourvus d'équipements et de refuges. On peut donc non seulement s'approcher des cascades, des torrents, des lacs aux reflets changeants, des neiges éternelles et des glaciers mais aussi parcourir les immenses forêts. Mais attention, on ne partira pas en excursion à l'aventure dans ces profondes étendues accidentées, véritables déserts. La montagne réserve toujours quelques imprévus: brusques changements de temps, risques de glissements de terrain, éboulements, grossissement subit d'un torrent après une courte averse. La montagne norvégienne doit se visiter obligatoirement en groupe, avec un guide et un minimum de connaissance du milieu naturel. Au pied des montagnes, plus particulièrement à proximité de la côte ouest, on sera charmé par la fraîcheur des paysages verdoyants et par la richesse de la végétation sauvage des arbustes à fruits, chargés de grappes de myrtilles, d'airelles, de framboises.

Le ski nordique est un des sports favoris des Norvégiens, et il peut être pour les villageois un moyen de locomotion en hiver quand de nombreuses routes sont bloquées par la neige.

Les glaciers

L'altitude, mais aussi un peu la latitude, expliquent que la Norvège conserve encore près de 1 700 glaciers, vestiges de toutes tailles, du « grand glacier quaternaire ». Bien qu'ils continuent de fondre comme en témoignent les cascades (Voringsfoss, chute de 182 m), certains restent de dimensions imposantes. C'est en Norvège que l'on découvre l'un des plus grands glaciers d'Europe, le **Jostedalsbreen** (816 km^2) dans le nord de la région du Sognefjord. Lorsqu'ils sont compris dans les limites d'un Parc national, ces glaciers norvégiens sont le plus souvent « ouverts à la visite ». En été, des sentiers balisés y conduisent mais les parcours sont souvent longs, et on ne peut s'en approcher sans être accompagné d'un guide connaissant parfaitement le site. Le grand Jostedalsbreen, qui s'est constitué il y a plus de 20 000 ans, donna lui-même naissance à des glaciers secondaires, généralement plus aisés d'approche, comme le **Briksdalsbreen**, près du Nordfjord.

LES CLIMATS

Parce qu'elle s'étire sur 2 000 kilomètres entre l'océan Glacial Arctique et la mer du Nord, baignée par une atmosphère tempérée, on serait tenté d'imaginer que la Norvège connaît de grandes différences climatiques entre le sud et le nord. En vérité, il ne fait en moyenne pas beaucoup plus froid dans l'année à Tromsø qu'à Oslo, villes distantes de près de 1 600 kilomètres. En revanche, les températures sont beaucoup plus clémentes sur les rivages que dans les régions en altitude de l'intérieur des terres (principalement dans le sud). En effet, le courant marin dit norvégien, dérivé du Gulf Stream, réchauffe les côtes toute l'année, pratiquement jusqu'au Spitzberg ; il s'ensuit que l'ouest de cet archipel,

distant d'environ 1 000 kilomètres du pôle Nord, peut connaître des hivers sans glace en mer.

En été (de début juin à fin-août) à Oslo, les températures moyennes oscillent entre 10 °C et 22 °C. On rappellera, pour mémoire, que la capitale de la Norvège se situe pratiquement à la latitude du cap Farvel, pointe sud du Groenland. À 500 kilomètres à l'ouest, pratiquement à la même latitude et ouverte sur l'océan, Bergen connaît à la même époque des oscillations de températures de l'ordre de 10 °C à 19 °C. Les différences sont plus nettes pour ce qui concerne le régime des pluies. Alors que Bergen enregistre dans l'année 220 jours de pluies avec plus de 2 000 mm de précipitations, Oslo n'en reçoit que 650 mm en 160 jours, c'est-à-dire moins que Paris. En hiver, le tapis de neige peut atteindre 4 m d'épaisseur dans le Finnmark, alors qu'il dépasse rarement 1 m sur les collines autour d'Oslo, mais partout la neige se maintient longtemps (dans l'extrême-nord et en altitude, souvent jusqu'à fin-mai – début-juin). Les chutes peuvent reprendre en août sur les hauteurs dans le nord mais l'humidité, les brouillards et brumes sévissent partout dans le sud dès septembre-octobre.

Même en été, le temps peut changer d'une heure à l'autre ; on peut partir en excursion par une matinée radieuse, essuyer de lourdes averses de trois ou quatre heures en début d'après-midi, et retrouver ensuite le grand soleil. Il est rare de visiter la Norvège en hiver, pourtant sur les côtes du sud, la moyenne des températures durant le mois le plus froid (février) se situe autour de - 4 °C, et à Oslo, elle évolue entre - 7 °C et - 1 °C. Autour des îles Lofoten, au nord du Cercle arctique, la température de l'eau de mer est en moyenne de 5 °C en janvier, époque à laquelle commence la grande pêche à la morue. Mais l'hiver est aussi l'époque des grands vents qui balaient tout, et des tempêtes en mer parfois catastrophiques. Ceci étant, l'hiver offre la splendeur de paysages enneigés, et les amateurs de neige et de ski (surtout nordique), peuvent y trouver de grandes satisfactions, surtout entre février et avril. Et une visite dans le Grand Nord en plein hiver polaire (novembre- janvier) peut revêtir un caractère quasi-exotique... Le printemps est court et l'automne souvent humide. Quant à l'été proprement dit, il dure généralement moins de trois mois (du début de juin à la fin-août) ; la journée peut alors être « torride » (on a enregistré à de nombreuses reprises vers midi 20 °C au niveau du Cercle arctique) mais les nuits restent tout de même fraîches. Il importe de se munir de vêtements de rechange et de pommades contre les piqûres de moustiques si l'on doit prendre les routes du Grand Nord (il existe d'excellents produits sur place).

Le canoë est une des activités possibles à pratiquer en Norvège ; c'est un bon moyen pour découvrir les fjords.

LE SOLEIL DE MINUIT

De la fin du mois de mai à la mi-août, la Norvège ne connaît pratiquement pas la nuit. Si la journée ne dure alors que 18 heures à Kristiansand, dans le Grand Sud, elle est de 24 heures à Tromsø, dans le Grand Nord. On va surtout admirer le Soleil de Minuit depuis le cap Nord, peu avant vingt-quatre heures, il s'immobilise sur l'horizon et brusquement, tous les oiseaux se taisent. Attendez vingt minutes quand l'astre reprendra sa course, ils se manifesteront à nouveau. Mais l'on n'est pas obligé de « monter » jusqu'au célèbre cap pour profiter du spectacle. Depuis les hauteurs qui dominent Bodø, Tromsø ou celles de Narvik beaucoup plus au sud, on jouit aussi du grand spectacle.
Soleil de Minuit et périodes d'obscurité (dates données à titre indicatif) :

• Cap Nord :	**13/05 au 29/07**	**18/11 au 21/01**
• Tromsø :	**20/05 au 22/07**	**25/11 au 17/01**

LES NORVÉGIENS

Politiquement, leur grand pays est l'un des États les plus jeunes du monde ; en effet, il n'est parvenu à faire reconnaître son identité nationale, proclamée après un combat de haute lutte pour se séparer de la Suède, qu'après la Première Guerre mondiale (voir Repères chronologiques, p. 18).

Aujourd'hui, environ 4 700 000 personnes vivent en Norvège, ce qui représente une **densité globale de population très faible** : 14,5 habitants au km². Ce taux, l'un des plus bas du monde, devrait être ramené à 8 habitants au km² car un Norvégien sur cinq habite le comté d'Oslo. Par ailleurs, cette population, urbanisée à 74 %, se répartit principalement sur la frange littorale. Autant dire que les régions de l'intérieur, exception faite de la périphérie des fjords, sont pratiquement vides. Même les « grandes villes » sont de taille moyenne : Oslo avec 500 000 habitants (580 000 pour l'agglomération) est, après Reykjavik (en Islande), de loin la moins peuplée des capitales nordiques. En revanche, elle occupe le 5e rang mondial quant à sa superficie, 450 km², ce qui en fait une véritable ville à la campagne. D'ailleurs, les vaches sans cornes, chevaux, porcs, moutons et chèvres y sont aussi nombreux que les êtres humains.

Après Oslo vient Bergen, le grand port de l'Ouest, avec 250 000 habitants ; au 3e rang, l'ancienne capitale Trondheim, avec 150 000 habitants ; suivent sur le littoral sud-ouest, Stavanger (110 000 habitants), Kristiansand (71 500) et Drammen (54 000). Dans le Grand Nord, Tromsø (à 1 760 km au nord d'Oslo) ne compte pas moins de 60 000 personnes réparties sur le territoire de la plus vaste commune de Norvège. Un peu moins de 20 000 personnes occupent la ville proprement dite, chiffre considérable à cette latitude, surtout si l'on tient compte de la désaffection grandissante des jeunes pour le Nord, en raison des conditions climatiques hivernales et de la rareté de l'emploi. Même les pêcheurs préfèrent fréquenter les ports du Sud, où l'hiver est moins long et la vie plus confortable.

Le niveau de vie moyen du Norvégien est élevé par rapport à celui des populations d'Europe occidentale ; les salaires, en moyenne, sont de 50 % à 70 % supérieurs à ceux des Français. Il n'est donc pas surprenant qu'un voyage dans ce pays paraisse coûteux, comme dans d'autres pays d'Europe du Nord. Pour pouvoir assurer ce haut niveau de vie, l'État intervient en appliquant une fiscalité lourde, qui peut atteindre 60 % des revenus des personnes les mieux rétribuées. En revanche, il est très efficace en matière de santé, de protection sociale en général (mais aussi de la protection de l'environnement) et de l'éducation. 70 % des jeunes poursuivent des études supérieures, en général au sein d'une grande école, où ils reçoivent un enseignement spécialisé. La même proportion de personnes parlent au moins une langue étrangère (le plus souvent l'anglais, mais l'enseignement du français se développe). Les établissements scolaires sont dotés d'importants équipements sportifs, gymnases, terrains de sport en plein air, parfois même de stades et de piscines. À propos de sport, on apprécie beaucoup en Norvège les lieux où les équipements sont mis à la disposition du public : terrains de golf (en vogue), de tennis, patinoires, pistes de ski, parcours de canoë-kayak, ports de plaisance (250 000 bateaux de plaisance immatriculés). Toujours dans le domaine de l'éducation, celle concernant la vie sexuelle est dispensée dès le plus jeune âge, elle a d'ailleurs été rendue obligatoire dans les écoles dès le début des années 1960, tout comme celle du respect de l'autre et la préservation de la nature.

En 1981, a été créé le poste d'*ombudsman*, c'est-à-dire de médiateur pour l'enfance, dont l'objet est de veiller particulièrement à la sauvegarde des intérêts des enfants, dans tous les domaines, familiaux ou publics. Le rôle du médiateur est celui d'un conseiller, il n'intervient pas directement, mais donne des avis, qui sont en général pris en considération par les familles. La société norvégienne a aussi été pionnière dans le domaine de l'égalité de la femme, à qui le droit de vote a été accordé dès 1898. Le problème du droit des femmes a tellement agité la Norvège au XXe siècle qu'aujourd'hui, aucune autre société au monde n'est aussi égalitariste. Ainsi, lorsque les deux époux exercent une activité professionnelle, ce qui est fréquent, il est de règle qu'ils se partagent les tâches ménagères et l'éducation des enfants (auxquels l'on prête la plus grande considération).

Quelques observations :

- 88 % des Norvégiens sont de confession luthérienne ; mais bien peu nombreux sont ceux qui pratiquent et se rendent régulièrement à l'église.

• l'union libre est assez répandue, on se marie (pas toujours) quand les enfants ont déjà grandi et plus de la moitié de ces mariages sont uniquement civils. En outre, les divorces ou les séparations sont aussi fréquents que les mariages... La société norvégienne est extrêmement permissive.

• tout le monde s'appelle par son prénom, le tutoiement se généralise, on dit généralement « *du* » (toi) à son chef de service et à l'étranger de passage.

L'AURORE BORÉALE

Entre octobre et mars, on peut avoir la chance d'observer une « aurore boréale », au-delà du Cercle arctique. Matérialisation de l'énergie cosmique, l'aurore boréale se manifeste dans un ciel sombre et dégagé par des draperies faiblement colorées (vert et rose) et souvent ondulantes.

• l'armée est très réduite ; avec la police, elle n'absorbe qu'une part infime du budget de l'État. Le pays n'admet pas le stationnement de troupes étrangères, ni le dépôt d'armes nucléaires sur son sol. Mais il fait partie de l'OTAN et met des troupes à la disposition des forces de l'ONU pour des interventions pacifiques.

• les Norvégiens sont très fiers de leur drapeau adopté dès 1821, il conserve la croix danoise et suédoise, mais on lui a accordé, comme l'Islande le fera un siècle plus tard, les « couleurs de la liberté », bleu, blanc et rouge (comme celles des drapeaux des Français, des Britanniques et des Américains).

• le grand événement de l'année est la fête nationale, le 17 mai, date à laquelle a été promulguée la Constitution de 1814.

LE ROYAUME DE NORVÈGE

Régi par la Constitution dite d'Eidsvoll (1814), il est à la fois :

• une monarchie (au **roi Olav V**, qui occupait le trône depuis 1957, décédé le 17 janvier 1991 à l'âge de 88 ans, a succédé le **prince Harald**).

• un État confessionnel (le luthéranisme qui concerne 88 % de la population est religion d'État).

• une démocratie pluraliste de régime parlementaire ; le ***Storting*** (Parlement) comprend (depuis 1989) 165 membres élus pour 4 ans au suffrage universel direct.

La Norvège n'est pas membre de l'Union européenne (les Norvégiens ont refusé par référendum en 1994 d'y adhérer) mais est l'un des cinq partenaires du ***Conseil Nordique*** (avec la Suède, le Danemark, la Finlande et l'Islande) qui ont conclu entre eux des accords de réciprocité dans les domaines juridique, commercial, culturel et de l'emploi. Par transitivité, la Norvège adhère ainsi à certains principes de l'Union européenne, comme ceux de Schengen par exemple.

Administrativement, le pays est divisé en **19 provinces** (ou comtés, *fylker*), le plus peuplé étant le plus petit, celui d'Oslo (800 000 personnes) ; le plus vaste et le moins peuplé, celui du Finnmark, tout au nord, 50 000 km^2 avec 80 000 habitants, est urbanisés à 90 %.

ÉCONOMIE

La Norvège se porte plutôt bien, et on peut mesurer cette évolution si l'on sait qu'au début du siècle dernier, elle comptait au nombre des pays les plus pauvres d'Europe. Aujourd'hui, avec une balance des paiements excédentaires et avec un revenu par habitant qui la place dans les 10 premiers pays au monde, elle fait figure de pays riche. La Norvège se sent trop différente du reste de l'Europe dont la culture et les modes de vie sont en partie marqués par l'esprit méditerranéen et de surcroît de confession non luthérienne. La perspective d'adhésion à l'Union européenne dont le projet fut rejeté par référendum en 1994, reste pour le pays un problème à résoudre ; les Socialistes sont plutôt favorables alors que les Conservateurs ne jugent pas la perspective valable. Cependant les esprits évoluent puisqu'en 1996 la Norvège est entrée dans l'espace Schengen. Néanmoins, le débat sur l'adhésion à l'UE reste houleux et sujet à controverses.

Sur un plan économique général, la Norvège démontre une croissance robuste, son inflation est maîtrisée et le taux de chômage (2,4 %) est l'un des plus bas d'Europe (et même du monde).

L'agriculture (3 % seulement des terres sont cultivées), l'élevage, l'exploitation forestière et la pêche qui emploient 6,7 % de la population active, ne représentent que 5 % du PIB (dont 1 % seulement pour les coupes de bois et 1 % également pour les prises de poisson). L'exploitation des mines ne concerne que 4 % des actifs, il s'agit presque exclusivement des gisements pétrolifères en mer. Les industries emploient 23 % de la population active et les services, comme au Danemark, tiennent de loin la vedette avec 66,3 %.

La pêche

Bien qu'elle ne représente que peu de chose dans le contexte économique général, la pêche demeure une activité fondamentale en Norvège, en pleine mer bien sûr où abondent morues et harengs, maquereaux et merlus, mais aussi dans les fjords, les lacs, les rivières, les torrents, riches en saumons et en truites. Les prises placent la Norvège au 7e rang mondial, mais le poisson est de première qualité, surtout pour ce qui est du saumon, essentiellement produit d'exportation. La pêche à la morue se pratique en hiver (de janvier à avril) autour des îles Lofoten où les bancs très denses, provenant des eaux en cours de glaciation du Grand Nord, viennent trouver là des fonds attiédis (+ 4 °C) par le « courant norvégien ». On exporte aussi beaucoup de morues, en par-

La pêche à la morue et au cabillaud est très pratiquée aux îles Lofoten, dans des conditions parfois difficiles en hiver.

ticulier vers le Portugal qui, en compensation, cède à la Norvège des sardines.

Dans les eaux intérieures, les Norvégiens, adeptes de la vie en plein air, n'hésitent pas à braver le froid et les intempéries pour aller passer la journée à la pêche. On peut manger beaucoup de poisson en Norvège, notamment dans des restaurants spécialisés généralement assez coûteux.

Aussi la plupart des gens consomment-ils ce qu'ils ont pêché eux-mêmes. Partout jusque dans le moindre village, on trouve tout le matériel désirable. À peu près toutes les villes côtières ont leur marché au poisson, malheureusement le saumon est parfois déjà fumé, les crevettes sont surgelées, et le poisson frais est cher et rare car il est déjà conditionné sur les navires-usines, avant que le bateau ne rentre au port. Mais, surtout dans le Nord, de nombreux pêcheurs artisans vivent de la vente directe de leurs prises. Dans ces régions, la consommation du poisson est de règle. La pratique de l'élevage du saumon s'est considérablement développée, en particulier sur les rives des fjords, dans des domaines bien abrités, d'accès facile et où les eaux salées sont radoucies par les courants marins. La production de saumon d'élevage est presque totalement exportée, entre autres vers la France ; il s'agit d'un produit de qualité, mais dont le prix au kilo est tiré vers le bas, en raison d'une forte concurrence mondiale. Plus de 4000 personnes en Norvège vivent de cette activité.

Les visiteurs étrangers peuvent bien entendu pratiquer la pêche dans tout le pays, gratuitement en mer et dans les fjords, avec un permis en rivière et dans les lacs. On peut se procurer ce document auprès des offices de tourisme, des bureaux de poste, des hôtels, des terrains de camping. Les services de tourisme diffusent en outre une brochure (*Angling in Norway*) en anglais, riche en informations.

Le bois

Plus d'un cinquième du territoire est recouvert par la forêt, assez dense dans le sud du pays. Mais celle-ci est relativement peu exploitée. La modicité des coupes s'explique par le relief (nombre de secteurs boisés sont très difficiles d'accès) et le très faible peuplement des régions de l'intérieur. C'est pourquoi l'on a multiplié les plantations de pins et de bouleaux, plus accessibles que la forêt naturelle de montagne, constituée en grande partie de chênes et de hêtres. Les usines de transformation du bois, dans les vallées, ont adopté une technologie de pointe et leur modernisme permet de produire en quantité cellulose, papiers et cartons, pâtes et bois de menuiserie.

On a aussi rationnalisé l'abattage des arbres et toute zone concernée est systématiquement replantée.

Élevage et agriculture

Le cheptel norvégien comprend environ 1 million de bovins et 2,5 millions d'ovins. On élève les bovins principalement pour le lait avec d'excellents rendements. Les 3 % de sols cultivés le sont à 21 % pour ce qui est de l'orge, 14 % pour l'avoine, 5 % pour le blé; le solde se répartit entre les fourrages, les légumes (surtout des pommes de terre) et de petits vergers. La production norvégienne suffit aux besoins du pays.

Le gaz et le pétrole

La conférence de Genève, en 1958, autorisa la Norvège à effectuer des sondages en mer dans ses eaux territoriales. Les premiers forages débutèrent en 1966 et trois ans plus tard du pétrole était découvert, l'exploitation commença en 1971, et en 1975, la Norvège se mit à en exporter. Les gisements sont actuellement au nombre de cinq: celui d'Ekofisk, le premier en date, dont le pétrole est acheminé par oléoduc

La Norvège est l'un des dix plus importants pays producteurs de pétrole avec des gisements exploités par plates-formes en mer de Barents et au large des îles Lofoten.

vers Teesside (Grande-Bretagne), celui de Frigg, produisant du gaz et qui est anglo-norvégien, ce gaz est dirigé sur Saint Fergus (Ecosse) ; ceux de Statfjord et de Gullfax, exploités actuellement et enfin celui de Troll, gisement de gaz mis en exploitation en 1993. La recherche de nouveaux gisements se poursuit, le long des côtes vers le nord, et jusqu'au Spitzberg. Quant au pétrole, c'est la première richesse nationale de la Norvège qui fait d'elle un des dix premiers producteurs au monde.

L'exploitation du pétrole et du gaz, générateur d'emplois, a permis à la Norvège de combler en quelques années sa dette extérieure et les revenus obtenus ont fait du pays l'un des plus modernes du monde. Aujourd'hui, les excédents sont placés dans un « fond pétrolier », destiné à assurer un revenu aux retraités de l'« après-pétrole ».

Le pays dispose aussi d'autres ressources minières, cuivre et fer, notamment dans le nord.

L'industrialisation

L'enrichissement procuré par le pétrole a permis aux Norvégiens non seulement de se moderniser, mais aussi de se doter d'une technologie de pointe, notamment dans les domaines de l'exploitation agricole, de l'industrie du bois, de l'hydroélectricité, de la construction navale, de la pêche et du conditionnement des produits de celle-ci. L'électricité que la Norvège produit est uniquement d'origine hydraulique, les usines productrices sont alimentées par de grands lacs de barrage et parfois par des chutes d'eau maîtrisées. Le Norvégien peut se permettre d'être le premier consommateur mondial d'énergie électrique !

Les transports

Le réseau routier se développe sur 54000 kilomètres (dont 300 km d'autoroutes), quelques bonnes routes nationales, peu encombrées, mais la grande majorité des parcours sont étroits, très sinueux, parfois impraticables en hiver (routes d'ailleurs fermées à la circulation) et pas toujours revêtus, notamment dans le nord. Pourtant très étendue, la Norvège ne dispose que de 4250 kilomètres de voies ferrées dont 2450 sont électrifiées; les trains sont confortables, mais pas toujours très rapides. Les paquebots, bacs et ferries assurent des services fréquents et bien organisés. La multiplication des aérodromes (plus de cinquante, dont la moitié au nord du Cercle arctique) s'explique à la fois par les difficultés que l'on peut éprouver à se déplacer rapidement et par les immenses distances qui sont à parcourir si l'on se rend au nord de Trondheim. Par sa flotte marchande, la Norvège se place au 5e rang dans le monde, ses bateaux acheminent principalement du fret pour le compte de nations étrangères. Aussi a-t-elle son importance dans la proportion des services évoquée au début de ce chapitre.

Les ferries et les bacs sont de moyens de transport très pratiques pour se déplacer le long de la côte, comme ici près d'Oslo où de nombreux citadins possèdent une deuxième résidence.

La Norvège au fil de l'histoire

La Norvège n'a fait son entrée dans l'histoire qu'à partir du IIIe siècle de l'ère chrétienne, mais elle était déjà occupée par les hommes lors de la fonte du « grand glacier » ; leurs premiers témoignages (gravures rupestres) remontent à 8 000 ans environ avant J.-C. On suppose que ces arrivants, installés dans le sud du pays (gravures d'Helleristninger à 7 kilomètres de Drammen), étaient parvenus sur les côtes norvégiennes en suivant depuis l'Europe centrale, le cours des fleuves allemands. Les témoignages de leur arrivée dans le Grand Nord (gravures de la région d'Alta, contemporaines sans doute des précédentes) sont plus énigmatiques : venaient-ils de Sibérie ? Quant aux Lapons, les premiers d'entre eux ne s'établirent dans le nord du pays qu'au cours du Ier siècle av. J.-C. D'autres migrations se poursuivront jusqu'au IIIe siècle de l'ère chrétienne et leur ascendance asiatique ne fait plus aucun doute.

À partir de l'an 700, sont enregistrées en Occident les premières expéditions des Vikings norvégiens.

REPÈRES CHRONOLOGIQUES

839 apr. J.-C. Conquête du nord de l'Irlande.

845. Les Vikings (Norvégiens ou Danois ?) attaquent Paris.

870. Début de la conquête de l'Islande.

872. Harald-à-la-Belle-Chevelure unifie pour la première fois la Norvège.

De la fin du IXe siècle au XIe siècle, la Norvège et le Danemark s'organisent politiquement. Les Vikings les plus pauvres ou bannis se lancent à la conquête des mers, occupent le nord de la Grande-Bretagne, l'Irlande, la Normandie et la Bretagne, le nord de l'Espagne et le Portugal, parviennent en Sicile et s'installent même à Byzance. Certains entreprennent un négoce, mais la plupart se livrent au pillage.

919. Horrible massacre perpétré en Irlande par les Vikings norvégiens.

930. Fondation à Thingvellir (Islande) du premier parlement d'Europe, l'Althing.

982. Parti d'Islande, le Viking norvégien, Erik-le-Rouge, banni pour meurtre, débarque au Groenland.

997. Fondation de Nidaros, capitale de la Norvège (aujourd'hui Trondheim), par Olav Tryggvason.

999. Leif Erikson, dit l'Heureux, fils d'Erik-le-Rouge, touche le mystérieux Vinland (Amérique du Nord).

Alta possède le plus grand champ de gravures rupestres d'Europe du Nord, datant pour la plupart du IVe siècle avant J.-C.

1015. Début du règne d'Olav II Haraldsson, qui va imposer le christianisme à la Norvège.

1020. Le Danois Sven-à-la-Barbe-Fourche envahit la Norvège.

1022. Alliance d'Olav II et du prince suédois Amund pour contenir les ambitions de Knud, nouveau roi de Danemark.

1028 (ou 1030). Mort d'Olav II, qui plus tard deviendra saint Olav (saint patron de la Norvège).

1047 (ou 1048). Harald III Sigurdson, dit le Sévère, fonde Oslo.

1066. Harald III est tué en débarquant en Angleterre.

1070. Fondation de Bergen par Olav-le-Pacifique.

1139. Trois souverains (norvégien, danois, suédois) règnent nominalement sur la Norvège.

1261. Le Groenland prête serment d'allégeance à la Norvège.

1262. L'Islande perd son indépendance et passe sous la coupe de la Norvège

1299. Règne d'Haakon V, Oslo devient la première en date des capitales nordiques.

1319. À la mort de ce roi, Magnus VII Erikson est élu roi de Norvège, de Suède, de Scanie et de Finlande.

1343. Fondation du comptoir de Bergen, la Hanse fait de la Norvège son protectorat.

1384. Margrethe Ière, femme d'une grande expérience politique, devient reine du Danemark et de Norvège (Islande comprise) cette union durera jusqu'en 1814. En 1397, à Kalmar (Suède), elle fait reconnaître Erik de Poméranie (roi de Norvège) comme souverain des trois États scandinaves.

1523. Gustav Vasa devient roi de Suède sous le nom de Gustav Ier. L'union de Kalmar dissoute, la Norvège n'est plus qu'une dépendance du Danemark, qui lui impose (1536) le luthéranisme (religion d'État) et sa langue. Toujours au milieu du XVIe siècle, les Hollandais remplacent les Hanséates dans l'exploitation du pays.

1624. Oslo, ravagée par un incendie, est rebaptisée Christiania lors de sa reconstruction par les Danois.

1641. Fondation de Christiansand (aujourd'hui Kristiansand).

1645. La Suède impose la paix de Brömsebro au Danemark, c'est la fin de l'hégémonie danoise sur la Norvège.

1658. Paix de Roskilde (Danemark) ; les détroits et Trondheim deviennent suédois.

1660. Paix de Copenhague : le Danemark recouvre l'île de Bornholm et Trondheim, qui restera capitale de la Norvège jusqu'en 1814.

Au XVIIIe siècle, le Danemark perd la Norvège et amorce son déclin.

1715. Charles XII de Suède, qui s'était enfui en Turquie après le « désastre » de Poltava, revient dans son pays et marche sur la Norvège. Il est atteint en 1718 par deux balles dont on ignore l'origine ; sa mort signe la fin du pouvoir absolu en Suède.

1721. Le missionnaire norvégien Hans Egede débarque au Groenland, qu'il « redécouvre » et qu'il prétend évangéliser.

1760. Dissolution de la Ligue hanséatique.

Au XIXe siècle, l'essor du mouvement national norvégien s'amorce.

1814. Traité de Kiel : le Danemark perd la Norvège, qui devient protectorat suédois. Une constitution, dite d'Eidsvoll, est promulguée le 17 mai (aujourd'hui fête nationale) ; la capitale est transférée de Trondheim à Oslo (alors Christiania).

1818. Bernadotte est proclamé, sous le nom de Charles XIV (Karl Johan XIV), roi de Suède (et de Norvège).

1821. Adoption du drapeau national norvégien.

1844. Avènement d'Oscar Ier.

1873. Gerhard Hansen découvre le bacille de la lèpre.

1898. Instauration du suffrage universel, la Norvège est l'un des premiers pays au monde à admettre le vote des femmes. Établissement de la première ligne électrifiée de chemin de fer.

1901. Les premiers prix Nobel de la paix sont décernés à Oslo au Suisse Henri Dunant et au Français Frédéric Passy.

Le blason de la ville d'Oslo représente le roi Harald sur son trône tenant dans sa main gauche trois flèches d'argent et dans sa main droite une meule du Zodiac.

1905. La Norvège se détache du mouvement scandinaviste ; elle cesse en fait d'être suédoise, le Storting (Parlement) ayant décrété qu'Oscar II n'était plus roi de Norvège, elle choisit un prince danois, qui devient Haakon VII. Le Royaume de Norvège voit le jour.

Guerre de 1914-1918. L'union scandinave se ressoude, la Norvège et le Danemark restant neutres.

1920. La Norvège parvient à faire reconnaître son identité nationale.

1922. F. Nansen, délégué de la SDN, prix Nobel de la paix.

1924. Kristiania redevient Oslo.

1928. Jeux Olympiques d'hiver à Oslo, le futur roi Olav V, champion du monde de saut à skis. Sigrid Undset, prix Nobel de littérature.

1935. Les travaillistes au pouvoir, ils le resteront jusqu'en 1965, sauf pendant la période d'occupation nazie.

1938. Le comité Nansen, prix Nobel de la paix.

1940 (avril). Le Danemark et la Norvège sont envahis par les Allemands ; en Norvège, un pro-nazi, Quisling, prend le pouvoir.

1945. Retour des travaillistes.

1946. Adhésion de la Norvège et du Danemark au Pacte Atlantique.

1949. La Norvège adhère à l'OTAN.

1950. Oslo fête son 900ᵉ anniversaire.

1952. Création du Conseil Nordique, dont la Norvège est l'un des cinq États membres. Jeux Olympiques d'hiver à Oslo.

1957. Avènement d'Olav V.

1959. Création d'une zone de libre-échange entre les cinq États membres du Conseil Nordique. Puis en 1962 signature à Helsinki (Finlande) d'un accord de coopération culturelle, juridique et sociale entre ces États.

1966. Découverte de gisements de gaz naturel en mer du Nord.

1968. Les États scandinaves mettent des forces d'intervention à la disposition de l'ONU.

1969. Découverte de pétrole dans les eaux territoriales norvégiennes (Ekofisk) production en 1971 et exportation à partir de 1975.

1980. Effondrement de la plate-forme Alexander Kielland : 123 morts.

1986. En juin, signature à Stavanger d'un important contrat ; en l'an 2000, la France achète 40 % de son gaz à la Norvège. L'athlète norvégienne Ingrid Kristiansen bat les records du monde du 5 000 m et du 10 000 m.

1987. Élections municipales et régionales ; poussée de l'électorat conservateur et libéral.

1989. Élections législatives ; les partis traditionnels essuient une défaite aux élections, au bénéfice des progressistes et des socialistes de gauche. Un paquebot soviétique heurte un iceberg au large du Spitzberg, pas de victimes.

1991 (janvier). Décès de Olav V ; le prince Harald est appelé à lui succéder.

1993. Ouverture du marché unique d'échange entre la CEE et les autres pays européens. La Norvège abrite les pourparlers secrets entre Israéliens et Palestiniens.

1994 (28 novembre). Référendum pour l'adhésion à l'Union Européenne à laquelle les Norvégiens s'opposent massivement.

1996 (1er mai). La Norvège obtient le statut d'observateur dans l'espace Schengen.

1997. Kjell Magne Bondevik (chrétien populaire) est élu Premier ministre. La Norvège est admise dans l'espace Schengen.

1999. Le débat sur l'adhésion à l'Union européenne fait rage dans le pays. Scandale sur les dépenses faramineuses de la famille royale.

2001. Adhésion à l'Espace Économique Européen (EEE) et à l'espace Schengen.

2005. La Norvège fête le centenaire de son indépendance.

OLAV II HARALDSSON (V. 995-1030)

Dans sa jeunesse, il séjourne chez les Varègues (« vikings suédois », voir p. 25) de Novgorod en Russie, puis en Angleterre où il embrasse la foi chrétienne.
En 1015, il devient roi de Norvège et tente d'imposer le christianisme à ses sujets. Par ailleurs, il réunifie le pays, le protège des intentions belliqueuses de ses voisins scandinaves et met en place une organisation féodale basée sur le modèle normand.
Menant à bien toutes ces actions par la force, il rencontre bientôt des résistances, notamment de la part des nobles norvégiens. Ceux-ci alliés au roi danois le destituent en 1028. Olav se réfugie alors à Novgorod. L'acte final se joue en 1030 à Stiklestad, bataille durant laquelle il perd la vie.
Mais l'histoire ne s'arrête pas là : il est dit qu'à l'endroit où il est enterré une source jaillit et que son eau faisait des miracles. Ainsi ce roi, farouche et parfois cruel, finit par être canonisé et déclaré saint et martyr.

CIVILISATIONS NORDIQUES

Vikings et Normands

Les deux termes désignent les mêmes individus navigateurs, marchands et guerriers, originaires de Scandinavie. On appelle en Europe occidentale et dans le bassin méditerranéen, Normands, les « visiteurs » des VIIIe, IXe et Xe siècles qui se désignaient eux-mêmes sous l'appellation de Vikings. Ces « gens du Nord » (on devrait d'ailleurs orthographier : *Nordmans*) ont surtout laissé de leur séjour dans l'ouest et dans le sud de l'Europe, le souvenir de leur barbarie et de leur cruauté. S'ils se disaient eux-mêmes Vikings, c'est-à-dire seigneurs de la baie (*vik*), ou plus exactement de l'estuaire, c'est à la fois par référence à leurs origines maritimes, mais aussi en raison des sites qu'ils élisaient pour s'établir en abordant les côtes lointaines des leurs. Ils y prenaient en effet position pour ensuite engager leurs raids dans les estuaires des fleuves côtiers, sur une île déserte, sur une pointe isolée où ils pouvaient régner en maîtres. Depuis cette base, ils remontaient alors le cours d'eau. Leur objectif au départ n'était pas nécessairement belliqueux lorsqu'ils approchèrent l'Angleterre, les Pays-Bas, la France. Ils n'étaient pas animés par des desseins vraiment guerriers et souhaitant d'abord engager des relations commerciales. Mais leurs conditions ne devaient pas être du gré de tous leurs interlocuteurs.

On ne s'explique toujours pas très bien les raisons qui, au début du VIIIe siècle, ont brusquement déterminé les Scandinaves à engager des **expéditions lointaines** vers l'ouest et vers le sud de leurs territoires. Certains ont avancé l'hypothèse de conflits politiques internes, thèse qui s'avère exacte, mais pas avant la deuxième moitié du IXe siècle. Il est beaucoup plus probable que l'origine des migrations nordiques du haut Moyen Âge s'explique par un appauvrissement des ressources naturelles, peut-être par la désertion des bancs de poissons. En outre, certaines régions littorales commençaient à être surpeuplées. Enfin, Danois et Norvégiens ont dû subir l'attrait des richesses de l'Occident et des conditions climatiques plus clémentes que chez eux. Dans leurs mouvements vers l'ouest et le sud de l'Europe, les Normands ont recherché en priorité des côtes poissonneuses et des territoires déserts où ils puissent s'établir.

Les **marins vikings** connaissaient la navigation astronomique, ce qui leur permettait de traverser les mers ; grâce à cette science, ils atteignirent l'Amérique, 500 ans presque date pour date, avant Christophe Colomb. Ils utilisaient des bateaux perfectionnés, à tel point même que les constructeurs actuels éprouvent des difficultés à les imiter, on a en outre perdu « le secret de la fabrication » des proues.

Venant de trois régions de Scandinavie, ils s'étaient en quelque sorte entendus sur le partage de leurs destinations. Ceux qui provenaient des îles danoises furent nos Normands du sud-est de l'Angleterre, des côtes flamandes, du littoral français, de la baie de Somme à la Bretagne. Les Suédois partiront vers l'est, quant aux Vikings partis des côtes norvégiennes, ils occupèrent les Shetland dès le début des années 700; vers 800, ils s'étaient déjà établis aux Féroé, aux Orcades, et dans le nord de l'Écosse. Au IXe siècle, ils occupèrent successivement le nord de l'Angleterre, l'Irlande, l'île de Man et à partir de 870, l'Islande où, fuyant la domination de Harald Ier, les nobles entraînèrent de nombreux paysans. En un quart de siècle, plus de 20000 personnes, dont une proportion importante d'esclaves irlandais, débarquèrent en Irlande.

LES DRAKKARS

C'est à tort que nous appelons drakkar les embarcations des anciens scandinaves. *Drak*, c'est le dragon (pluriel *drakkar*), figure de bois sculptée que l'on plaçait à la proue des bateaux lors des expéditions guerrières. Les navires vikings sont des *snjekkur*, sortes de grandes barques non pontées, rapides, manœuvrées à la voile et à la rame et à très faible tirant d'eau, ce qui permettait aux marins de remonter assez loin les rivières à l'intérieur des terres. Ces bateaux sont de deux types principaux: des vaisseaux de guerre, de forme généralement effilée montés par 40 à 60 hommes (les plus grands peuvent en transporter jusqu'à 100) et des navires de commerce, franchement ventrus. Les musées de Roskilde (Danemark) et de Bygdøy (Oslo, Norvège) présentent plusieurs unités que montaient les marins redoutables.

La **conquête de l'Irlande** fut l'un des principaux épisodes de l'aventure des Vikings norvégiens. En 795, ceux-ci avaient déjà entrepris le pillage systématique des côtes de la grande île. En 834, l'occupation du pays commence. En 839, le Nord est conquis et c'est bientôt le cas de l'île toute entière, où débarquent plusieurs milliers d'hommes. Le seigneur qui les a conduits là se fait proclamer roi du pays, fait de Dyflinn (qui deviendra Dublin) sa capitale, y impose le culte païen du dieu Thor. Mais il se heurte à une population christianisée de longue date qui se révolte, s'empare du roi viking, le massacre et le noie dans le lac Neir (844). C'est alors qu'interviennent les Vikings danois qui s'allient aux Irlandais et qui font de l'île un protectorat (851). Mais les Norvégiens reprennent le dessus, réoccupent Dyflinn qui restera sous leur domination pendant vingt ans. Les réfractaires seront emmenés en esclavage et accompagneront les Vikings lors de leur colonisation de l'Islande. Les luttes intestines permettent à l'Irlande de redevenir indépendante en 901. Mais les Norvégiens y organisent une contre-offensive à l'issue d'un horrible massacre perpétré en 919 ; leur domination tiendra jusqu'en 945 et s'étendra sur une partie de l'Angleterre. Ils n'abandonneront finalement les lieux qu'en 1014 après leur défaite de Clontarf devant les Danois.

Toujours au IXe siècle, associés cette fois aux Danois et parfois prenant le pas sur eux, les **Vikings norvégiens** poussent leurs explorations jusqu'à l'île de Noirmoutier, s'établissent dans le Poitou et finissent par investir les estuaires français sur l'Atlantique afin de contrôler la navigation et les commerces vitaux du sel et du vin. Ils atteignent le nord de l'Espagne mais y seront refoulés en 844. Puis ils pillent Lisbonne, pénètrent en Méditerranée et en 860 arrivent à Pise. Quelques années plus tard, ils débarquent sur les côtes de Sicile et bientôt à Constantinople.

Quant aux **Vikings suédois**, on les connaît dans l'est de l'Europe sous le nom de Varègues ; ils jettent leur dévolu sur la Baltique, pénètrent en Russie par les grandes vallées et finissent eux aussi par atteindre Constantinople. Mais ils naviguent également à travers l'Atlantique Nord ; le premier établissement viking en Islande (Husavik vers 867) est suédois.

En **Scandinavie** même, les Vikings disposent de plusieurs centres commerciaux, sortes de villes-marchés autour desquelles gravite la vie économique ; on y négocie des esclaves ramenés d'Occident ou des pays méditerranéens contre des fourrures et de l'ivoire (dents de morse et de narval) afin d'aller les troquer ensuite contre des objets de luxe. Au Danemark, outre le centre de Roskilde, Hedeby (près de la future Copenhague) fait figure de capitale économique du Nord entre 800 et 1050. En Suède, Birka (près de la future Stockholm) lui fait concurrence et en Norvège lui tiennent tête dans le fjord d'Oslo, la ville-marché de Shiringssal et dans le grand Nord, à la pointe septentrionale des îles Lofoten, le port de Bjarkøy.

Le début du XIe siècle est marqué par une sorte de retour au calme amorcé dès le Xe siècle. La conversion des populations vikings au christianisme se traduit par la limitation de leurs « exactions » à la pêche et au commerce ; une stabilisation politique voit le jour en Scandinavie. À l'instar des modèles français et anglais, se constituent les premiers royaumes unitaires par le regroupement de petits royaumes épars ; c'est ainsi qu'en Norvège se forme progressivement celui que construit Harald Ier Hårfager. Cela ne stipule pas un accord général et nombre de petits chefs vikings préfèreront en effet l'exil notamment en Islande pour ne pas avoir à se soumettre.

Les Vikings norvégiens

Guerriers intraitables, parfois atrocement cruels, marins audacieux et savants, mais aussi marins pêcheurs, commerçants (ils furent les premiers à rapporter en Occident des étoffes orientales et des épices), des gens en quelque sorte doués d'une très grande

Détail d'une partie de la célèbre stavkirker d'Urnes, sculptée dans un style proche de l'art viking et représentant des animaux se battant contre des serpents.

force physique et humaine, et pourtant, il s'agissait d'un peuple pacifique, la très grande majorité d'entre eux étaient cultivateurs et éleveurs.

Avant l'introduction du christianisme, la Norvège était constituée d'un ensemble de petites principautés éparses sur lesquelles régnaient plusieurs seigneurs, et où les paysans vivaient à la ferme au milieu de leurs esclaves. L'**ordre hiérarchique social** était simple : seigneurs, paysans libres, esclaves. Mais l'esclavagisme étant une structure peu appréciée des Scandinaves, il s'ensuivit assez vite que les gens de cette condition finirent par recouvrir une sorte de liberté, à condition d'accepter de se soumettre aux maîtres des lieux. Cette notion s'effacera avec l'introduction du christianisme à partir du Xe siècle.

Au XIe siècle, avec l'extension des pouvoirs des seigneurs, des regroupements de terres s'opèrent. Se dessine alors un système social proche de notre système féodal. Mais la **notion de prince** en territoire viking reste très différente de celle de nos seigneurs en Occident ; le prince viking est plutôt un chef de groupe dynamique, qui a su s'imposer par ses qualités humaines et intellectuelles, son sens de l'honneur, son respect d'autrui, son esprit d'organisation et ses facultés de commandement en temps de guerre. Il est d'ailleurs désigné à la majorité, par le groupe auquel il appartient ce qui lui vaut d'être respecté. Avec le temps, la notion d'hérédité s'établit ; afin que les fils puissent à leur tour être reconnus, on en confie l'éducation aux personnes les mieux instruites et les plus qualifiées. En quelque sorte, on crée un climat de convivialité, voire d'amitié. La culture joue déjà un grand rôle, les récits que sont les sagas (longtemps orales, puis écrites à partir des XIIe-XIIIe siècles) en portent témoignage.

Une importance capitale est accordée aux principes de vie saine, en plein air, au sport et à l'**alimentation**. Pour ce qui est de celle-ci, elle doit être équilibrée, et en rapport avec la vie, sportive ; tributaire des conditions naturelles liées au climat, l'alimentation énergétique et variée est riche en protéines ; l'équilibre est obtenu par la consommation de poissons, généralement du hareng, séché ou fumé, de viandes, bouillies ou grillées, de légumes verts, de fruits (noisettes, noix, pommes, cerises, baies sauvages). Le tout consommé avec un pain cuit à base de farine de seigle ou d'orge ; les deux repas quotidiens sont accompagnés de céréales, souvent sous forme de porridge. La boisson favorite est la bière, plus ou moins alcoolisée ; l'hydromel est connu des Vikings, qui le consomment les jours de fête, en pratiquant des libations. À ce sujet, il convient de rappeler que le miel est un élément très important de l'alimentation en Scandinavie. Les aliments sont conservés, toute l'année durant, dans la neige ou dans la glace pilée selon les régions, ou dans des abris creusés dans la terre puis recouverts de feuillages.

L'**hygiène** est considérée comme un facteur primordial du dynamisme et de la bonne santé physique ; chaque demeure est dotée d'une étuve et le linge est changé et lavé très souvent.

Le **sport** occupe également une grande place ; sports d'armes, comme il se doit mais aussi natation, ski, lutte et baignade dans l'eau froide des lacs de montagne, des torrents, des fjords qui dit-on rend vigoureux.

Les Lapons

Établis depuis environ deux mille ans dans le nord de la Scandinavie, ils sont pour certains ethnologues l'une des plus anciennes sociétés organisées existant en Europe du Nord. Mais ils ne représentent que très peu de personnes : entre 40 000 et 50 000 d'entre eux vivent en Norvège (plus de 20 000 dans le Finnmark et dans le Troms), 10 000 environ en Suède, moins de 5 000 en Finlande, quelques centaines dans la presqu'île de Kola en Russie.

La **population lapone** décimée par les nazis, lors de la campagne de 1944-1945, est en voie de stabilisation et même d'augmentation. Selon les estimations, elle serait passée de 35 000 personnes environ dans les années 1960, à quelque 45 000 au début des années 1980. Mais ce chiffrage est rendu difficile par son intégration progressive à la vie scandinave, par les métissages, par l'attrait qu'exercent aussi sur les jeunes les climats plus cléments du Sud. En effet, les Lapons subissent un hiver rigoureux, avec pratiquement pas de clarté diurne dans un vent glacial.

Leur vie a longtemps été rythmée par des **migrations** dépendantes des ressources saisonnières et surtout de l'errance de leurs troupeaux (leur vraie richesse). Ils se déplaçaient à skis ou sur des traîneaux en forme de barque *(pulka)*. Ces nomades ou semi-nomades vivaient l'été sous une tente conique *(kota)*, que l'on remontait au gré des circonstances et l'hiver, dans des huttes en tourbe, couvertes d'écorces. Mais aujourd'hui, les temps ont bien changé, les familles habitent des chalets permanents, et les éleveurs, pratiquement tous sédentarisés, s'orientent de plus en plus vers la production de viande de boucherie.

Pour certains, les Lapons scandinaves seraient arrivés dans le pays avant l'ère chrétienne ; c'est ce que tendraient à prouver les objets découverts dans des grottes. Ils seraient d'origine européenne, sans doute alpine, mais avec des marques asiatiques plus ou moins prononcées, comme en font état les études de l'anthropologue Lundmann : peau relativement halée, yeux et cheveux noirs, peu de poils, squelette petit et large, tête brachycéphale, à face large également.

Les Lapons se sont prénommés *Sapmi* puis *Same* (on prononce Sâmé). Suivant les différents types de vie qu'ils menaient en fonction des conditions géographiques, on peut les répertorier en quatre catégories :

• les **Lapons du littoral**, majoritaires en Norvège, ils vivent principalement de la pêche. Ils sont aussi agriculteurs et éleveurs, dans des régions « réchauffées » par les effluves du « courant norvégien ». Cette activité tend à prendre le pas sur la vie maritime depuis les interdictions qui restreignent la chasse traditionnelle aux cétacés.

• les **Lapons de la montagne** : leur secteur d'activité demeure indéfini car ils transgressent les frontières politiques des États. Ils vivent à la fois de la pêche dans les eaux intérieures, de la chasse, et surtout de l'élevage du renne, pratiquant une agriculture pauvre dans les vallées. Ils se déplacent beaucoup derrière leurs troupeaux, entre les montagnes côtières en été, entre plaines et plateaux boisés en hiver.

• les **Lapons de la forêt** se trouvent surtout en Suède, en Finlande et dans la presqu'île de Kola (entre la frontière finlandaise et Mourmansk, en Russie). Ces semi-nomades pratiquent l'élevage intensif ainsi que la pêche en rivières et en lacs.

• les **Lapons des lacs et rivières** se rencontrent beaucoup dans le Finnmark, mais aussi dans les vallées suédoises. Là encore, il s'agit d'éleveurs, d'agriculteurs et de pêcheurs en eaux douces.

Si cette classification demeure valable, elle ne prend pas en compte leur profonde évolution ; le nomadisme traditionnel est en effet en voie de régression. L'industrialisation et l'introduction de modes de vie liés à l'exploitation des ressources ont sensiblement modifié les conditions d'existence traditionnelles. Bien sûr, l'élevage du renne demeure un des éléments fondamentaux de la vie économique des Lapons mais il est en train de perdre son caractère ancestral.

Les Lapons d'aujourd'hui

Les revenus des Lapons ont considérablement augmenté au cours des dernières années ; une meilleure exploitation des richesses minières, le considérable potentiel hydroélectrique, ou de la forêt, l'industrialisation de la pêche, ont bouleversé l'économie locale. Aujourd'hui, le Lapon travaille dans les mines, dans le bâtiment dans l'exploitation forestière ; il élève pour produire de la viande de boucherie, pratique un artisanat de qualité.

Les vêtements traditionnels des Lapons présentent des différences de couleurs et d'ornementation selon les régions, permettant de distinguer leur origine.

Pour sauvegarder ses intérêts, des **associations** se sont créées, elles lui permettent de prendre part aux bénéfices des exploitations situées sur ses terres. L'Association des Same de Norvège, constituée au début du siècle, a tenu son premier congrès à Karasjok en 1969; elle lutte âprement pour sauvegarder les intérêts de ses ressortissants.

Une alliance associative entre Lapons de Norvège, de Suède et de Finlande a vu le jour avec deux groupements: celui des Lapons éleveurs, et celui des non-éleveurs. Les trois États ont par ailleurs encouragé la création, d'une part du Conseil Same Nordique, qui prend en charge les intérêts économiques de tous les Lapons, quelle que soit leur nationalité, et d'autre part d'un Comité culturel interlapon, le Sami Åtnam.

La notion d'**identité culturelle** est devenue primordiale depuis plusieurs années, le modernisme occidental pouvant constituer un danger. Diverses associations ont pris en mains l'organisation sociale lapone. Ainsi à l'école accorde-t-on une importance primordiale à la langue, aux dialectes, à la culture traditionnelle en général, à l'histoire; ces enseignements sont dispensés de très bonne heure aux jeunes enfants. De ce fait, l'**artisanat** classique a retrouvé son importance économique, certaines régions se sont spécialisées dans la production des objets en bois, en corne, en os, d'autres dans le travail des peaux, ou dans le tissage. Aussi l'**habillement traditionnel** est-il loin d'être mort: peau de renne en hiver, lainage en été, avec de multiples perfectionnements: l'usage des fourrures, si protectrices dans les grands froids connaît un regain de ferveur, comme c'est le cas du pantalon étroit entrant dans des mocassins de peau.

QUELQUES NORVÉGIENS CÉLÈBRES

Niels Henrik Abel (1802-1829), mathématicien, découvrit les propriétés des intégrales, dites abéliennes, et énonça la théorie qui porte désormais son nom.
L'explorateur **Roald Amundsen** (1872-1928) entreprit à bord du Gjøa une expédition au Groenland et dans le Grand Nord (1903-1906), avant d'en diriger une autre, dans l'Antarctique, à bord du *Fram* (1910-1911). Il disparut tragiquement en 1928, l'hydravion qui le transportait au secours du dirigeable *Italia* d'Umberto Nobile, se perdit quelque part dans l'océan Glacial (*Nobile* fut sauvé par les Russes).
Bjørnson (Bjørnstjerne, 1832-1910), ami et rival d'Ibsen, se fit connaître avec *Sigurd Jorsalfar*, drame que Grieg mettra en musique, par un drame de mœurs, *La Faillite* (1875) et par une grande tragédie sociale, *Au-delà des forces*, en deux parties (1883 et 1895). Le prix Nobel de littérature l'honora en 1903.
Le conteur et romancier **Johan Bojer** (1872-1959) est l'auteur du *Dernier des Vikings* (1921) et de *Gens de la Côte* (1929).
Camila Collett (1813-1895), romancière féministe acharnée, auteur des *Filles du préfet* (1855).
L'écrivain **Olav Dunn** (1876-1939), figure marquante du nationalisme norvégien, produisit une abondante œuvre romanesque, dans la tradition des sagas islandaises ; il est surtout connu pour *Les Hommes et les forces de la nature* (1938).
Le missionnaire **Hans Egede** (1686-1758) partit à la reconquête du Groenland qu'il « redécouvrit », et où il décida d'évangéliser les Vikings. Il n'y trouva que des Inuit (Eskimos), qu'il évangélisa naturellement tout en fondant la mission luthérienne de Godthåb (aujourd'hui Nuuk, ville principale de ce pays).
Erik-le-Rouge (Rod), conquérant viking (vers 960-1010), banni d'Islande, découvrit la pointe sud du Groenland (982), il y fonda une colonie. Son fils, Leiv (ou Leif) Erikson, dit l'Heureux, parti, lui, du Groenland, atteignit les côtes de l'Amérique du Nord (999) et débarqua dans le mystérieux Vinland (estuaire du Saint-Laurent ?).
Kirsten Flagstad (1895-1962) fut une célèbre cantatrice.
Edvard Grieg (1843-1907) collabora avec Ibsen et se lia d'amitié avec Bjørnson ; compositeur, pianiste, chef d'orchestre, il parcourut l'Europe où il interpréta ses œuvres lyriques, ses danses norvégiennes, ses sonates et ses pièces symphoniques. Le célèbre festival de Bergen, sa ville natale, en mai-juin de chaque année, porte comme il se doit son nom.
Le romancier **Knut Hamsun** (1859-1962), auteur notamment de *La Faim* (1890), fut couronné par le prix Nobel de littérature en 1920.
Le savant **Gerhard Hansen** (1841-1912) découvrit en 1873 le bacille de la lèpre.
Henrik Ibsen (1828-1906), qui collabora avec Grieg, fut l'une des hautes figures de l'histoire du théâtre après *Catalina* (1850), il produisit *Les Prétendants à la couronne* (1863) puis quitta son pays pour une trentaine d'années. C'est à Rome qu'il créa ses deux plus grandes œuvres, *Brand* et *Peer Gynt* (1867), des pièces à thèse, *Maison de poupée* (1879), où il traite de l'émancipation de la femme, *Les Revenants*, où il combat le traditionalisme politique, *Un ennemi du peuple* (1882), *Le Canard sauvage* (1884). Rentré dans son pays en 1891, il y créa sa dernière pièce, *Quand nous nous réveillerons d'entre les morts* (1899).
L'écrivain **Alexander Kielland** (1849-1906) fut un défenseur comme Ibsen et Bjørnson, des idées radicales de Brandes.

Statue représentant le héros d'Ibsen, Peer Gynt.

La sportive **Ingrid Kristiansen** battit en 1987 le record du monde du 5000 m et du 10000 m.

L'auteur dramatique **Helge Krogh** (1889-1962) fut un polémiste inspiré par le marxisme. Sa *Sixième colonne?* (1946) est un pamphlet dirigé contre la grande industrie.

Le romancier **Jonas Lie** (1833-1908) décrivit la Norvège du Nord et la mer, la vie quotidienne des campagnes et produisit des contes (*Troll*, 1892). Son homonyme et contemporain, Sophus Lie, était mathématicien et chercheur.

Edvard Munch (1863-1944) fut sans doute le plus grand peintre de Scandinavie, auteur d'une œuvre abondante dont le musée d'Oslo donne un large aperçu. *Le Cri* est son œuvre la plus célèbre.

Fridtjøf Nansen, explorateur et savant (1831-1930) traversa le Groenland d'est en ouest en 1888 et entreprit la première grande exploration de l'océan Glacial. Plus tard, il participa activement à la scission de la Norvège et de la Suède (1905). Après la Première Guerre mondiale, délégué de la SDN, il fut chargé du problème des réfugiés, ce qui lui valut de recevoir, en 1922, le prix Nobel de la paix.

Amalie Skram (1847-1905) est surtout connue pour sa grande œuvre naturaliste en 4 volumes, *Les Gens de Hellemyr* (1887-1898).

Harold Ulrich Sverdrup (1888-1957), météorologue et océanographe, participa aux expéditions arctiques d'Amundsen. À partir de 1948, il fut directeur de l'Institut polaire norvégien, et de 1949, professeur à l'université d'Oslo, il réalisa d'importants travaux sur les océans, l'atmosphère, les étendues glacées.

Otto Sverdrup (1854-1930), explorateur des mers du Grand Nord, fut capitaine du *Fram*, à la demande de Nansen.

Liv Ullmann (1938), actrice de théâtre d'abord, elle est connue pour ses nombreuses interprétations dans les films d'Ingmar Bergman: *Persona* (1966), *Cris et chuchotements* (1972), *Sonate d'automne* (1978), etc. Aujourd'hui, elle est réalisatrice et metteur en scène.

Sigrid Undset, romancière née au Danemark (1882-1949), prit violemment position contre l'émancipation de la femme et l'amour libre: *Jenny* (1911), *Printemps* (1914), *Kristin Lavransdatter* (1922). Couronnée par le prix Nobel de littérature en 1928, elle lutta ardemment contre le mouvement féministe jusque dans ses dernières œuvres: *La Femme fidèle* (1936), *Madame Dorothea* (1939).

Le sculpteur **Gustav Vigeland** (1869-1943), auteur des *Réprouvés de l'Enfer*, travailla à la cathédrale de Trondheim, tout en produisant des portraits (ceux de Bjørnson et d'Ibsen sont les plus célèbres) avant de se fixer en 1921 à Oslo, ville à laquelle il offrit l'essentiel de son œuvre en échange d'un atelier. À partir de 1923 il y créa les célèbres sculptures du parc Frogner.

L'homme de lettres **Johan Welhaven** (1807-1873) exprima surtout le trouble religieux qui animait alors son pays.

Le poète **Henri Wergeland** (1808-1845) fut dans le monde littéraire, la figure dominante de l'époque romantique inspiré par un idéal humanitaire et politique; il eut pour principal adversaire Welhaven, dont sa sœur, Camila Collet était follement éprise.

La plus ancienne des stavkirker est celle d'Urnes, datant du XIIe siècle. Elle est inscrite au patrimoine mondial de l'Unesco et domine le Lustrafjord.

LE PATRIMOINE CULTUREL

L'intérêt touristique de la Norvège réside en priorité dans la qualité de ses paysages, mais aussi dans celle de sites et de villes qu'il convient d'inscrire dans son voyage. De toutes façons, la richesse et l'étendue (géographique) des centres d'intérêt sont telles qu'il est impossible de « tout voir » en quelques semaines.

On accordera donc la priorité aux aspects suivants en fonction du temps disponible :

- les fjords, souvent longs de plus de 100 kilomètres et que dominent d'impressionnants promontoires.
- les sommets, coiffés de glaciers éblouissants.
- le parcours en train d'Oslo à Bergen.
- les *stavkirker* (voir ci-après).
- les îles Lofoten et Vesterålen avec leurs colonies d'oiseaux.
- le Finnmark, en été qu'éclaire le jour sans fin.

LES PIERRES RUNIQUES

Ces pierres sont gravées de runes, écriture symbolique employée par les populations des pays scandinaves avant que le christianisme n'impose l'écriture latine. Les caractères utilisés étaient au nombre de 24 jusqu'au IXe siècle mais ils furent par la suite réduits à 16. La qualité poétique que les ethnologues s'accordent à reconnaître aux textes gravés dans la pierre (ils peuvent l'être aussi dans le bois ou dans le métal), en fait souvent de véritables œuvres littéraires. Il s'y mêle parfois des représentations figuratives, aussi les pierres runiques ont-elles alors une valeur artistique. Les figurations peuvent représenter des animaux de l'époque ou appartenant au répertoire de la mythologie, avec une abondance particulière de symboles. Certaines figurations ont trait à des scènes de la vie quotidienne, à la guerre, à la chasse ; plusieurs de celles-ci ont été identifiées un peu partout dans le sud de la Norvège. Cet art des Vikings révèle un goût évident du raffinement et un sens profond de l'esprit décoratif qui régnaient chez ces populations. On en découvre des exemples au musée des Bateaux vikings d'Oslo, et dans un certain nombre de musées norvégiens, où l'on observe la très forte influence des coutumes païennes dans l'art scandinave antérieur à l'introduction du christianisme.

LES STAVKIRKER

Stav signifie le poteau de bois planté debout, le mât ; *kirke* : l'église (pluriel, *kirker*) ; *stavkirker* est un terme difficile à traduire en français, la tradition a retenu « église en bois debout ». Il s'agit d'édifices construits dans les campagnes entre le milieu du XIIe siècle (Urnes) et surtout la fin du XIIIe siècle. Les premiers étaient constitués de simples planches juxtaposées, fichées dans le sol, formant le dessin d'une nef et d'un chœur. Mais les conditions climatiques imposèrent de les établir sur des socles en pierre et de consolider les constructions par des piliers également juxtaposés car le bois pourrissait. Très tôt aussi, les édifices furent ornementés souvent de têtes de dragons sculptées, com-

LE PRIX NOBEL DE LA PAIX

En léguant par testament (1895) son immense fortune aux personnalités jugées les plus méritantes par un Comité chaque année, le Suédois Alfred Nobel n'imaginait sans doute pas que son geste aurait une portée aussi lointaine.
Les prix Nobel sont décernés le 10 décembre, cinq à Stockholm et un à Oslo, le prix Nobel de la paix. Parmi les Norvégiens, en ont été les bénéficiaires : C.L. Lauge en 1921, F. Nansen en 1922, le comité Nansen en 1938. D'autres Norvégiens ont reçu les prix de littérature (Bjørnson, Knut Hamsun, Sigrid Undset) ; de chimie (O. Hassel, 1969) ; de sciences économiques (T. Haavelmo, 1989).

Les stavkirker *sont des églises traditionnelles construites selon la technique du bois debout. À gauche celle de Vik-Hopperstad, à droite, celle de Borgund.*

parables à celles qui figuraient à la proue des bateaux des Vikings (*drakkar* c'est-à-dire dragons), et de symboles divers, mis en place sur les portails, colonnes, toitures qui, comme celle de l'église de Gol, remontée dans un parc à Bygdøy (Oslo) ne sont pas sans évoquer quelque pagode chinoise. Au début du XIVe siècle, les *stavkirker* étaient encore au nombre d'un millier; n'ont survécu qu'une trentaine, soigneusement entretenues et restaurées par les pouvoirs publics. « Avec leurs toits superposés qui leur donnent l'air de monstres couverts d'écailles, leur riche décoration symbolique, l'abondance de leurs motifs floraux dont la facture n'est parfois pas sans rappeler notre modern style » (Jacques Legros), elles appartiennent toutes au patrimoine culturel mondial. Indépendamment de celle de Gol, si l'on avait le temps de n'en voir qu'une seule autre, ce serait à **Heddal**, dans le Telemark. La *stavkirke*, d'excellente architecture, avec ses portails sculptés, son ornementation fantastique, est à juste titre considérée comme la « cathédrale » des églises médiévales norvégiennes.

D'AUTRES CHEFS-D'ŒUVRE

Certains peuvent aussi être considérés comme appartenant au patrimoine mondial: les sculptures de Vigeland au parc Frogner d'Oslo, les peintures d'Edvard Munch (un musée lui est consacré à Oslo) et de Johan Christian Dahl (le peintre norvégien par excellence), les gravures rupestres d'Alta. Dans le domaine littéraire, les deux volumes de *Au-delà des Forces*, de Bjørnson, *Faim*, de Knut Hamsun, la plupart des œuvres d'Henrik Ibsen, et plus particulièrement *Peer Gynt* (1867), *Maison de poupée* (1879), *Le Canard sauvage* (1884) ; dans celui de la musique, les compositions d'Edvard Grieg et plus particulièrement son *Concerto pour piano et orchestre* (1868), et son opéra *Peer Gynt* (1876).

RENSEIGNEMENTS PRATIQUES

PARTIR EN NORVÈGE

En avion

Vols directs pour Oslo au départ de Paris, Nice, Bruxelles, Genève, Zurich avec :

Air France : tél. 3654 – www.airfrance.fr ; ***SAS :*** tél. 0825 325 335 – www.flysas.fr ; ***Norwegian :*** tél. 0811 850 107 – www.norwegian.no.

En train

En 28 heures, via Hambourg et Copenhague (changement de train à Copenhague), on relie Paris (gare du Nord) à Oslo. ***Renseignements SNCF :*** tél : 36 35 – www.voyages-sncf.com

Bruxelles–Oslo et Genève–Oslo se font via Frankfort, Hambourg et Copenhague en 20 heures.

En voiture

Compter deux jours pour un trajet Paris–Oslo via Hambourg.

Depuis la construction du pont entre le Danemark et la Suède, on peut se rendre en Norvège sans prendre de ferry.

Ceux qui préfèrent néanmoins une partie en bateau, ont le choix entre différents trajets, dont ; Kiel (Allemagne) – Oslo (20h - Color Line) ; Frederikshavn (Danemark) – Oslo (10 h 30 - Stena Line) ; Hirtshals (Danemark) – Oslo (8 h 30 - Color Line) ; Copenhague – Oslo (16 h 30 - DFDS) ; Hirtshals – Kristiansand (3 h 15 - Color Line) ; Hanstholm – Kristiansand (2h - Fjord Line) ; Hanstholm - Egersund – Haugesund – Bergen (18h - Fjord Line).

Horaires, prix et réservations :

Color Line : www.colorline.com ; ***Fjord Line :*** www.fjordline.com

Pour les lignes DFDS et Stena Line, voir le site dé réservation : www.viamare.fr

En autocar

Liaisons Paris–Oslo en 27 heures en passant par la Suède.

Eurolines : tél. 0 892 899 091 – www.eurolines.fr

L'époque du voyage

Il n'y a pas de règle absolue ; mais l'on préférera sans doute la période de l'année durant laquelle les journées sont les plus longues, de fin mai à début septembre dans le Sud, de début mai à mi-août dans le Nord. Le mois de juin est réputé pour être le plus sec, mais il ne faut pas se méprendre ; s'il est fort agréable à Oslo et dans les régions comprises entre la capitale et Trondheim, le temps demeure capricieux sur le littoral occidental et dans le nord, au-delà du Cercle polaire où la neige peut se maintenir, au-dessus de 600 m, jusqu'au milieu du mois de juin. À la charnière de l'année lumineuse, le mois de juillet est celui du grand été norvégien ; mais c'est aussi la saison des moustiques et autres volatiles désagréables... En effet l'éclosion du printemps tardif, et toutes les fontes de neiges et de glaces qu'elle déclenche, perturbe presque à vue d'œil, toute vie jusque-là terrée. Les Norvégiens du septentrion sont de longue date accommodés à ces désagréments ; experts, ils ont inventé des onguents très efficaces préservant des piqûres, mais toujours rien pour ce qui concerne le bourdonnement des insectes.

On serait presque tenté de préférer les mois de mai et septembre. Le mois de mai peut s'avérer encore froid, avec cependant de fort belles journées ensoleillées ; septembre, mois où l'automne s'amorce avec ses féeries de couleurs et ses premières neiges en altitude, réserve des joies agréables. Hélas, à cette époque de l'année, il peut être difficile de trouver un gîte en dehors des centres urbains, les Norvégiens vivent au rythme de leurs vacances scolaires estivales, qui se limitent à la période de la mi-juin à la mi-août. Entre octobre et avril, la lumière est rare, la neige abondante, mais le froid est beaucoup moins incommodant que la légende pourrait le laisser croire. Dans l'atmosphère feutrée des grands jours sans jour, on est en Norvège totalement dépaysé. On y vit au rythme des fêtes domestiques, des décors de Noël dans les villes et les villages, des grandes foires lapones de février-mars dans l'obscurité froide du septentrion que traversent de grandes manifestations populaires, qualifiées à tort de « folkloriques ». Bien sûr, à cette époque de l'année, beaucoup de routes sont impraticables et fermées à la circulation, on se déplace à skis d'un centre à un autre ; c'est là une forme de voyage dont on peut éprouver les qualités, à condition d'aimer l'aventure sportive que les Norvégiens savent si bien enseigner.

Il n'est pas rare dans la région du Nord de la Norvège de rencontrer des rennes sauvages, qui parfois traversent la route.

Le printemps arrive tard, en mai dans le Sud, à partir de la mi-juin dans le Grand Nord ; les arbres ne fleurissent que quelques jours ; mais le temps peut être particulièrement beau. La féerie des courts automnes offre un foisonnement de couleurs que les brumes, jusqu'en milieu de journée, rendent irréelles.

Le printemps et l'automne sont les saisons les plus agréables pour effectuer un voyage en Norvège, en particulier en septembre quand il fait encore bon et que les arbres prennent une jolie couleur rouge.

Formalités

Pour les ressortissants de l'Union européenne et les Suisses, un passeport ou une carte d'identité valable suffit (pour un séjour de moins de 3 mois).

Pour les conducteurs, il faut être muni de la carte grise et du permis de conduire national. La détention de la carte verte d'assurance internationale est vivement conseillée.

Santé

En France, on peut se procurer la carte européenne d'assurance maladie au centre de Sécurité Sociale; il assure le remboursement des dépenses de santé effectuées en Norvège sur présentation des factures. Mais s'agissant d'une hospitalisation ou d'un rapatriement, il vaut mieux avoir contracté une assurance type EuropAssistance.

Vêtements

Se munir avant le départ d'un équipement confortable : un imperméable, un K-way, de bonnes chaussures de marche, des pullovers, des chaussettes de laine, tous très chers en Norvège. Mais aussi des vêtements plus légers, lunettes de soleil et une bonne crème solaire.

Documentation

Bibliothèque Nordique (140 000 ouvrages et documents), ***Bibliothèque Sainte-Geneviève**, 6, rue Valette, 75005 Paris,* tél. 01 44 41 97 50.

Adresses utiles

Office National de Tourisme de Norvège: BP 497, 75366 Paris Cedex 8, tél. 01 53 23 00 50. Internet: www.visitnorway.fr (site en français).

Ambassades royales de Norvège :
En France: *28, rue Bayard, 75008 Paris,* tél. 01 53 67 04 00.
En Suisse: *Bubenbergplatz 10, CH-3011 Berne,* tél. 41 31 310 55 55.
En Belgique: *17 rue Archimède, B-1000 Bruxelles,* tél. 32 2 646 07 80.

CIRCULER EN NORVÈGE

En avion

À l'intérieur du pays, les liaisons sont assurées par plusieurs compagnies: la SAS et Norwegian entre les grandes villes; Widerøe Flyvevelskap (filiale de la SAS, www.wideroe.no), pour les liaisons de type secondaire.

En train

D'une façon générale, les trains norvégiens sont très confortables et bien chauffés. Le réseau est peu dense (4 300 km) et les tunnels sont souvent longs de plusieurs kilomètres. Les « rapides » ne méritent vraiment pas cette appellation, car les convois en général sont lents. Réservez vos places, les trains sont souvent suroccupés.

Le trajet entre Oslo et Bergen est très célèbre par la magnificence des décors qu'il permet de découvrir. Il est relativement court (7 heures) ; attention, une réservation plusieurs semaines à l'avance s'impose. Demandez une place à droite sur le parcours Oslo–Bergen et à gauche, en sens inverse. Le train s'arrête au niveau des sites les plus spectaculaires pour permettre aux voyageurs de photographier ces paysages.

La voie ferrée culmine à 1 301 m d'altitude, près de Finse (parcours électrifié depuis 1964). Le train traverse d'immenses et splendides forêts, passe en vue de lacs argentés, de cascades bruyantes, de torrents jaillissants, de vallées ponctuées de chalets de bois multicolores, de raides falaises, de glaciers, de neiges éternelles, avant de dominer certains des grands fjords de l'Ouest. La ligne est équipée de protection contre la neige.

De nombreux voyageurs préfèrent descendre à la gare de Myrdal, pour ensuite prendre le train de Flåm, qui termine sa course au fond de l'Aurlandsfjord, après une descente des plus spectaculaires. De

Voyager en voiture permet aussi de profiter du paysage, et d'avoir en particulier une très belle vue sur les fjords.

Flåm, on peut continuer en bateau sur l'Aurlandsfjord et sur le Naerøyfjord, jusqu'à Gudvangen, et ensuite rejoindre en bus la ligne de Bergen à Voss. Cette combinaison fonctionne toute l'année, dans les deux sens, et porte le nom de « Norway in a Nutshell ».

Parmi les autres parcours à conseiller, la ligne d'Oslo à Stavanger (600 km) par Kristiansand, qui traverse des régions de montagne et longe parfois la mer. Le trajet d'Oslo à Trondheim, par Hamar, les rives du lac Mjøsa, Lillehammer (où un arrêt de quelques heures s'impose), Dombås et, pour finir, Oppdal.

De Trondheim pour rejoindre le Grand Nord jusqu'à Bodø prenez alors le train de nuit (en plein été il fait jour 24h sur 24).

Dans le Grand Nord, (exception faite de Narvik), le réseau norvégien prend fin à Bodø. Pour poursuivre son voyage, descendre à Fauske, puis emprunter les lignes d'autobus ou aller jusqu'à Bodø et utiliser les services maritimes de l'Express Côtier (Hurtigrute), plus rapides que les autocars pour atteindre le cap Nord. Remarque importante : on a tout intérêt à se munir de billets forfaitaires ou de billets touristiques. Se renseigner sur place ou sur le site internet : www.nsb.no

En voiture

Ce grand pays ne dispose que de 54 000 kilomètres de routes dont 300 en autoroutes. La circulation y est rigoureusement réglementée, et pourtant l'on ne rencontre pratiquement aucun policier sur la route ; ce sont les automobilistes norvégiens qui, à l'occasion, rappellent les étourdis à l'ordre.

Comme au Danemark ou en Suède, la vitesse est limitée à 50 km/h dans les traversées d'agglomérations et à 80 km/h sur

PETITE BIBLIOGRAPHIE

Art de vivre

Jean-François et Marianne Battail, *Scandinavie : Danemark, Norvège, Suède, Finlande, Islande*, éd. Vilo, 2006. Un beau-livre sur les pays scandinaves.

Elisabeth Holte, *L'art de vivre en Norvège*, Flammarion, 2009. Photographies sur les intérieurs norvégiens.

Histoire

Pierre Bauduin, *Les Vikings*, coll. Que sais-je ?, PUF, 2004. Une première approche des Vikings.

Régis Boyer, *Les Viking : histoire et civilisations*, Perrin ; *Les Vikings : histoire, mythe, dictionnaire*, coll. Bouquins, Robert Laffont. Lecture subtile de cette société scandinave.

François-Charles Mougel, *L'Europe du Nord contemporaine, de 1900 à nos jours*, Ellipses.

Littérature

Knut Hamsun, *La faim*, LGF, Flammarion.

Henrik Ibsen, *Les Revenants*, éd. Les Cygnes, *Le Canard sauvage*, Actes Sud, *Hedda Gabler*, LGF Flammarion, *Peer Gynt*, Éditions Théâtrales.

Jonas Lie, *Trolls*, *La famille de Gilje*, éd. L'Elan.

Amalie Skram, *Les Gens de Hellemyr*, 3 volumes, éd. Gaïa.

Sigrid Undset, *La femme fidèle*, Gallimard, *Jenny*, Stock.

les routes (sauf indication différente). On roule en toutes circonstances, de jour comme de nuit toute l'année, avec les feux de code allumés.

Les routes principales sont dans l'ensemble en bon état, même au nord du Cercle arctique. Les axes secondaires, peuvent présenter des difficultés de parcours, liées souvent aux conditions climatiques (gel, dégel, pluies...), à l'absence parfois de revêtement bitumé, et surtout à leur sinuosité et étroitesse dans les régions de montagne, où une grande prudence de conduite s'impose. En général, on peut compter sur une moyenne horaire de 50 kilomètres, parfois moins, rarement plus. Sur la plupart des routes de montagne, un seul véhicule peut emprunter la chaussée ; des aires de rangement sont prévues. Les Norvégiens sont très courtois au volant ; on s'arrête toujours à un croisement de routes, même si l'on estime être prioritaire. On s'arrête toujours aussi si un piéton veut traverser (même s'il n'y a pas de passage balisé pour lui) et l'on ne perd pas de vue que les cyclistes (ils sont nombreux) ont toujours la priorité sur les automobilistes. Enfin, en ce qui concerne les troupeaux, et les animaux en général, vous serez toujours dans votre tort si vous ne les laissez pas circuler librement. Dans le Nord, il peut y avoir danger : rennes ou élans se précipitent parfois sur la chaussée ; s'il y a collision, c'est obligatoirement l'automobiliste qui a tort.

D'importants travaux routiers nécessitant de gros investissements sont souvent financés par un péage (ponts, tunnels, voies rapides.) pendant la durée du temps d'amortissement. Ensuite, le péage est supprimé.

Certaines grandes villes, comme Oslo, Bergen et Trondheim, ont instauré un péage urbain, officiellement pour décourager la circulation automobile dans les villes…

Attention : certains péages disposent de passages ouverts sans barrières. Ces passages sont réservés aux conducteurs titulaires d'abonnements et munis de bips électroniques. Le non respect de ce dispositif donne lieu à des amendes sévères.

Des routes privées à péage existent, car elles sont tracées au sein de propriétés, parfois désertiques. À l'entrée du passage, un écriteau le signale et à côté, une petite boîte est prévue pour le paiement de la taxe. Même si personne ne vous surveille, acquittez-vous-en ! Ces routes privées, qui permettent souvent d'effectuer d'intéressants raccourcis, offrent aussi l'occasion de découvrir, dans bien des cas, des paysages remarquables.

En dehors de la période juin-août de nombreuses routes secondaires sont fermées. Le NAF (Automobile-Club Norvégien) patrouille sur ces itinéraires pour dépanner les automobilistes en difficulté, d'ailleurs, à intervalles réguliers, des postes d'appel téléphoniques permettent de les contacter (en anglais).

À chaque fois que l'on quitte une ville, il est préférable de faire le plein d'essence, car les distances sont parfois longues et les postes à essence peuvent être rarissimes.

Pour terminer, surtout ne pas consommer d'alcool ; en cas d'accident même mineur, la police se montrerait intraitable : retrait du permis sur le champ, amende à acquitter dans l'immédiat et peut-être même prison.

En autocar et bateau

La Norvège dispose d'un réseau complet et performant d'autocars et de bateaux locaux et régionaux, qui traversent souvent les plus belles régions du pays. Dans le nord, le chemin de fer est remplacé par des lignes régulières d'autocars, au départ de Fauske vers Narvik, Tromsø, Alta, Honningsvåg (cap Nord), et même Kirkenes, en passant par Karasjok et la Laponie intérieure. Dans le sud, au départ d'Oslo, on trouve des lignes d'autocars vers Stavanger, Bergen, Nordfjord, Ålesund et Kristiansund. Au départ de Bergen, on peut aller à Ålesund, Molde, Kristiansund et Trondheim, entres autres. Les départs sont généralement quotidiens (sauf parfois le samedi), et les longs trajets nécessitent souvent une journée entière de voyage. Pas besoin de réserver en avance, une place est garantie.

Renseignements : Nor-Way Bussekspress, tél : 47815 44444. www.nor-way.no

Les ferries relient les fjords et font très souvent des escales, permettant aux passagers de visiter les alentours.

Pour ce qui concerne les bateaux, citons notamment les trajets suivants, parmi les plus intéressants: Stavanger-Haugesund-Bergen (4 heures), Bergen-Flåm, Bergen-Nordfjord, Kristianund-Trondheim, et dans le nord: Bodø-Sandnessjøen, Bodø-Svolvaer, Harstad-Tromsø, Tromsø-Skjaervøy, et Alta-Hammerfest.

Ferries

Il est pratiquement impossible de visiter la Norvège par la route sans emprunter un ou plusieurs ferries. Ce qui peut paraître, à première vue, comme une contrainte coûteuse et une perte de temps, se révèle rapidement fort utile et agréable; le ferry permet de raccourcir la route, souvent de plusieurs dizaines de kilomètres; le ferry oblige à s'arrêter, donc de se détendre du stress de la circulation; et le ferry permet souvent de découvrir de magnifiques paysages, comme par exemple Gudvangen-Kaupanger-Laerdal (Sognefjord), Geiranger-Heelesylt ou Geiranger-Valldal (Geirangerfjord), Stokka-Tjötta (RN 17), Kilboghamn-Jektvika (RN 17), Bodø-Moskenes (Iles Lofoten), Andenes-Gryllefjord (île de Senja), et Lyngseidet-Olderfjord (Lyngenfjord).

L'Express Côtier (Hurtigruten)

Ce bateau, à l'origine destiné aux habitants du pays, circule aujourd'hui entre Bergen et Kirkenes (6 jours de voyage); il est devenu un véritable service touristique. Il fonctionne tous les jours, dans les deux sens, mais est tellement sollicité que les réservations des places à bord s'imposent surtout si l'on envisage de l'utiliser comme bateau-hôtel, c'est toutefois un service assez coûteux, comme l'est celui de toute croisière. Les escales fréquentes (34, sur tout le parcours, durant parfois jusqu'à 3 heures) donnent la possibilité de visiter différentes villes. Si l'on veut s'y attarder, on pourra prendre le bateau suivant à la condition que la place ait été retenue. Il ne faut pas perdre de vue que l'Express Côtier (mis en service la première fois en 1893 entre Trondheim et les Vesterålen) est d'abord un service public, transportant hommes, animaux et denrées. Les navires récents acceptent les voitures à bord (environ 50 par bateau), mais pas les caravanes et les camping-cars. Il est fortement recommandé de réserver à l'avance, surtout en été (mai-septembre). Pour ce qui est des escales desservies, se reporter à la carte à la fin du guide. Renseignements: Hurtigruten, *2 rue de la Roquette, passage du Cheval Blanc, 75011 Paris*, tél: 01 58 30 86 86. www.hurtigruten.fr

SÉJOURNER EN NORVÈGE

L'hôtel

Toutes catégories, du luxueux au plus simple, ils sont tous confortables et scrupuleusement propres, selon la tradition, héritée des Vikings. Les prix incluent généralement le petit-déjeuner.

L'auberge de jeunesse

Les *vandrerhjem* sont ouvertes à tous, sans limitation d'âge, et proposent souvent des chambres doubles et des chambres familiales, en plus des dortoirs destinés aux jeunes peu fortunés. La Norvège dispose d'environ 80 établissements de ce genre, dont on appréciera le confort, la chaleur au terme d'une longue journée de randonnée. La limitation du séjour y est fixée à trois nuits.

Réductions accordées aux membres de la Fédération Internationale des Auberges de Jeunesse (FUAJ: *27 rue Pajol, 75018 Paris*; tél. 01 44 89 87 27, www.fuaj.org). À signaler qu'en été, comme dans tous les pays nordiques, des établissements scolaires mettent à la disposition du public leurs internats, se transformant, pour la circonstance, en auberges de jeunesse occasionnelles. On peut louer des draps sur place ou apporter les siens, le sac de couchage n'est pas autorisé. Les couvertures sont toujours fournies. Tous les gîtes proposent des cuisines communes, certains font également restaurant/cafétéria.

Chez l'habitant

On peut aussi louer des chambres chez l'habitant; on vous proposera une sorte de studio avec coin-cuisine, douche, etc. et les produits d'entretien pour laisser les lieux aussi propres qu'en arrivant, (renseignements à l'office de tourisme ou suivre les panneaux *Husrom* ou *Rom til leie*).

À signaler enfin que, dans la région de Lillehammer par exemple, il est possible de passer des « vacances à la ferme ».

Le camping

Le camping est très bien organisé en Norvège, mais il n'est praticable que pendant une très courte période de l'année. La plupart des terrains sont situés dans de magnifiques sites, avec des emplacements larges, et des accommodements que l'on ne soupçonnerait pas. En outre, les prix pratiqués sont très raisonnables. Sur les terrains, de petits chalets de bois abritent sanitaires, douches avec eau chaude, saunas, lavabos (avec produits d'entretien), cuisines, lave-linge, séchoir à linge. Ayez sur vous de la monnaie, car rien n'est bien entendu gratuit. Les quelque mille terrains de camping norvégiens disposent de *hytters* (huttes), souvent de différentes catégories, allant du simple bungalow sans confort au chalet « luxueux » équipé de douche et wc, kitchenette, séjour et plusieurs chambres. Le camping sauvage est toléré, à condition de s'entendre avec le propriétaire du terrain sur lequel on a envisagé de s'établir. Mais le respect de la nature s'impose. Un guide des terrains de camping, avec une édition française, est proposé par l'Office du Tourisme.

LA NORVÈGE DE A À Z

Adresses utiles en Norvège

NAF (Norges Automobil Forbund) : renseignements et secours routier pour les membres de l'Automobile-Club de France. Tél. 81 00 05 05.

Consulats de France :

- à Oslo : *Drammensveien 69, N-0270 Oslo*, tél. 23 28 46 00. www.ambafrance-no.org

- à Bergen : *Jebsen Management AS, Sandbrugt. 5, 5023 Bergen*, tél. 53 05 00 50.

- à Stavanger : *Løkkeveien 52, 4001 Stavanger*, tél. 51 52 03 04.

- à Trondheim : *Munkegaten 17, 7409 Trondheim*, tél. 73 87 43 00.

Ambassade de Belgique :

Drammensveien 103 D, N-0244 Oslo, tél. 23 13 32 20. www.diplomatie.be/oslofr

Ambassade de Suisse :

Bygdøy Allé 78, N-0244 Oslo 2, tél. 22 54 23 90. www.eda.admin.ch/oslo

Alcool

Son commerce est sévèrement réglementé, et l'on n'en trouve que dans des magasins d'État, les *Vinmonopolet*, uniquement dans les grandes villes. Ceux-ci ne sont ouverts qu'en semaine et l'alcool est très cher. Ce qui n'interdit pas les Norvégiens d'être de forts consommateurs de leur aquavit nationale, une sorte de vodka très forte. D'une façon générale, en semaine on ne boit que de la bière et on laisse l'aquavit et autres alcools forts pour le week-end.

Il est impératif de prendre ses précautions si l'on doit ensuite reprendre le volant. Aucun abus ne serait toléré si vous deviez être impliqué dans un accident de la circulation, même en étant parfaitement dans votre droit.

Il en va de même pour la consommation du tabac tout aussi réglementée. On boit et on fume chez soi mais pas dans la rue, ni dans les lieux publics : ne jamais fumer dans un bureau de poste, dans une gare de chemin de fer, dans une station de métro, dans un aéroport, dans un grand magasin.

À table

On ne peut décemment parler de gastronomie norvégienne : seuls viandes et poissons fumés retiennent l'attention. Toutefois, crevettes, truites, viande de renne peuvent être habilement accommodés. Même les restaurants des grandes villes aux tarifs exorbitants ne servent pas de cuisine très raffinée.

D'une façon générale, les Norvégiens ont une cuisine saine et simple. Le petit-déjeuner *(frokost)*, souvent le repas le plus copieux de la journée, permet d'en faire l'expérience.

Le déjeuner *(mittag)*, vers 11 heures-midi, est généralement très frugal ; pris à la hâte sur les lieux du travail ou dans les boutiques voisines, il se compose pour l'essentiel d'un *smørbrød* que nous traduisons mal en français par « grand sandwich ouvert », un accommodement sur tartine, de viandes froides, de poissons, ou de fromage, le tout accompagné de concombres et de mayonnaise.

Le vrai repas, le « dîner », se situe après le travail, c'est-à-dire vers 17 heures, quand les gens rentrent chez eux. On peut aussi, dès 18 heures, se rendre au restaurant. Dans les grandes villes, cer-

AU RESTAURANT

Hôtel	**hotell**	Veau	**kalvekjøtt**
Petit-déjeuner	**frokost**	Salade	**salat**
Déjeuner	**lunsj**	Saumon	**laks**
Dîner	**middag**	Crevette	**reke**
Menu	**meny**	Fruit	**frukt**
Bœuf	**oksekjøtt**	Homard	**hummer**
Canard	**and**	Œuf	**egg**
Mouton	**fårekjøtt**	Pain	**brød**
Porc	**svinekjøtt**	Froid	**kaldt**
Poulet	**kylling**	Chaud	**varmt**

tains établissements servent jusqu'à minuit parfois une heure du matin, mais, en règle générale, il vaut mieux éviter de se présenter au restaurant après 21 heures.

Au menu du dîner : soupe de poisson, boulettes de viande hachée, frites, ragoût ou rôti de mouton, de renne ou d'élan, charcuteries, hareng ou morue séchée, anguilles accommodées de cent manières, saumon ou truite saumonée. Les légumes qui accompagnent ces mets sont souvent des pommes de terre à l'eau, des choux, des pois cassés, très nourrissants et permettant de se prémunir contre le froid.

Les produits laitiers, une des spécialités de la Norvège, restent abordables, à l'exception des yaourts. Le fromage de chèvre de montagne, de couleur ocre car mélangé à des noix et du miel, est une spécialité tout à fait étrange qui n'a aucun goût si ce n'est celui du sucre. Vous pourrez en acheter au bord des routes, il est frais. Le *gammelost* est encore plus bizarre il faut vraiment être un amateur inconditionnel du fromage pour en savourer les qualités.

Fruits et légumes ne sont produits qu'en faibles quantités dans le pays, qui doit faire appel à l'importation pour satisfaire la clientèle. En d'autres termes, on les propose sur les marchés à des prix très hauts et ils sont vendus à la pièce !

Les desserts ne peuvent que surprendre les palais : mûre arctique, dite aussi mûron, de couleur jaunâtre, servie en compote ou en confiture avec de la crème chantilly, gâteaux à la crème, ou biscuits sucrés.

FÊTES ET MANIFESTATIONS

Janvier-février : championnats de ski de Holmenkollen (Oslo), accompagnés de soirées spectacles au Centre d'Art Contemporain Sonja-Henie, et « dimanche de Holmenkollen », grande journée nationale des sports d'hiver.
Pâques : fêtes lapones de Kautokeino.
Mai-juin : à Bergen, festival de musique et journées Grieg.
17 mai : fête nationale.
Juin : à Harstad, festival de Norvège du Nord
Fin juin : au parc de Maihaugen (Lillehammer) et au musée de Valdres, feux et fêtes de la Saint-Jean.
Fin juin-début juillet : festival de jazz de Kongsberg.
En juillet : aux îles Lofoten, fête des pêcheurs ; à Harstad, festival de la pêche en haute-mer ; à Molde, festival de jazz ; à Trondheim (dernière semaine), fête de la Saint-Olav, et représentation en plein air du *Jeu d'Olav* (Stiklestad, dates variables).
Début août : festival de la pêche à Stavanger ; fête de Peer Gynt à Vinstra.
Fin août : à Mysen, le Momarkedet.
Septembre : festival de la pêche en haute mer de Stavern.

Argent

L'unité monétaire est la couronne (*krone*, abréviation NOK), sub divisée en 100 *ører* (*øre* au singulier). Il y a cinq types de pièces: 1, 5, 10 20 et 50 *ører*, cinq types de billets: 50, 100, 200, 500, 1 000 NOK.

Cours en 2009 (arrondi) : 100 NOK = 11 € • 1 € = 9 NOK

Animaux domestiques

Impossible de les faire admettre sans un certificat délivré par le ministère de l'Agriculture; les pays nordiques sont extrêmement pointilleux sur ce point.

Courant électrique

Courant alternatif de 200 V. Les prises utilisées sont les mêmes que celles utilisées en France.

Coût de la vie

Comme dans tous les pays du Nord de l'Europe, la vie peut paraître coûteuse. Les prix des produits alimentaires sont particulièrement prohibitifs, surtout lorsqu'ils sont importés. La viande est un produit de luxe. Seuls les prix des produits de la mer (congelés) restent abordables. L'alcool et les cigarettes sont hors de prix. Pour se nourrir dans un budget raisonnable, mieux vaut prévoir de préparer soi-même au moins deux repas sur trois. Vous serez bien entendu tenté de rapporter un souvenir (pièce en fourrure,

Défilé devant le Slottet, le palais royal d'Oslo, lors de la fête nationale du pays, le 17 mai.

objet d'artisanat en argent, en étain, en bois, en verre, en porcelaine, en tissage), dont le prix vous paraîtra exorbitant. Le plus avantageux étant de faire ses achats dans les boutiques Tax free for tourists, achats qui vous sont donnés scellés et sur lesquels vous pourrez vous faire rendre la TVA à la frontière.

Horaires

Ils sont à peu de choses près les mêmes qu'en France; heure légale identique, été comme hiver.

La plupart des services fonctionnent entre 9 h et 16 h, certains jours jusqu'à 20 h, mais tous ferment du samedi midi (13 h) au lundi matin (les banques à partir du vendredi soir) ; les bureaux de poste sont ouverts en semaine de 8 h à 17 h. Au restaurant, les dîners sont servis assez tôt, entre 18 h et 20 h.

Jours fériés

Pâques (jeudi, vendredi, samedi, dimanche et lundi), Ascension, lundi de Pentecôte, 17 mai (fête nationale), 25 et 26 décembre, et le 1er janvier.

Les vacances scolaires vont de la mi-juin à la mi-août.

Langue

La langue officielle est le norvégien, qui comprend en fait deux versions: le *nynorsk* et le *bokmål*, ce dernier étant le plus couramment parlé.

Le norvégien est une langue difficile à prononcer, et surtout à entendre:
å ou ***aa*** se prononcent « au »
ø se prononce « eu »
ei ou ***eg*** se prononcent « ai »
u et ***y*** se prononcent « u »
øy se prononce comme « œil » en français
g, gj ou ***j*** se prononcent « y » (comme dans yeux)
hv se prononce « v »
sj, skj, sk se prononcent « ch »
exemple: *skytte* se dit « chuté »

Téléphone

Pour appeler depuis la France: composer le 00, puis le 47 puis le numéro (8 chiffres) du correspondant.

Pour appeler la France depuis la Norvège: composer le 00 33 puis le numéro de votre correspondant en omettant le 0.

Informations routières: 175

Urgences

Pompiers: 110; Police: 112; Ambulances: 113.

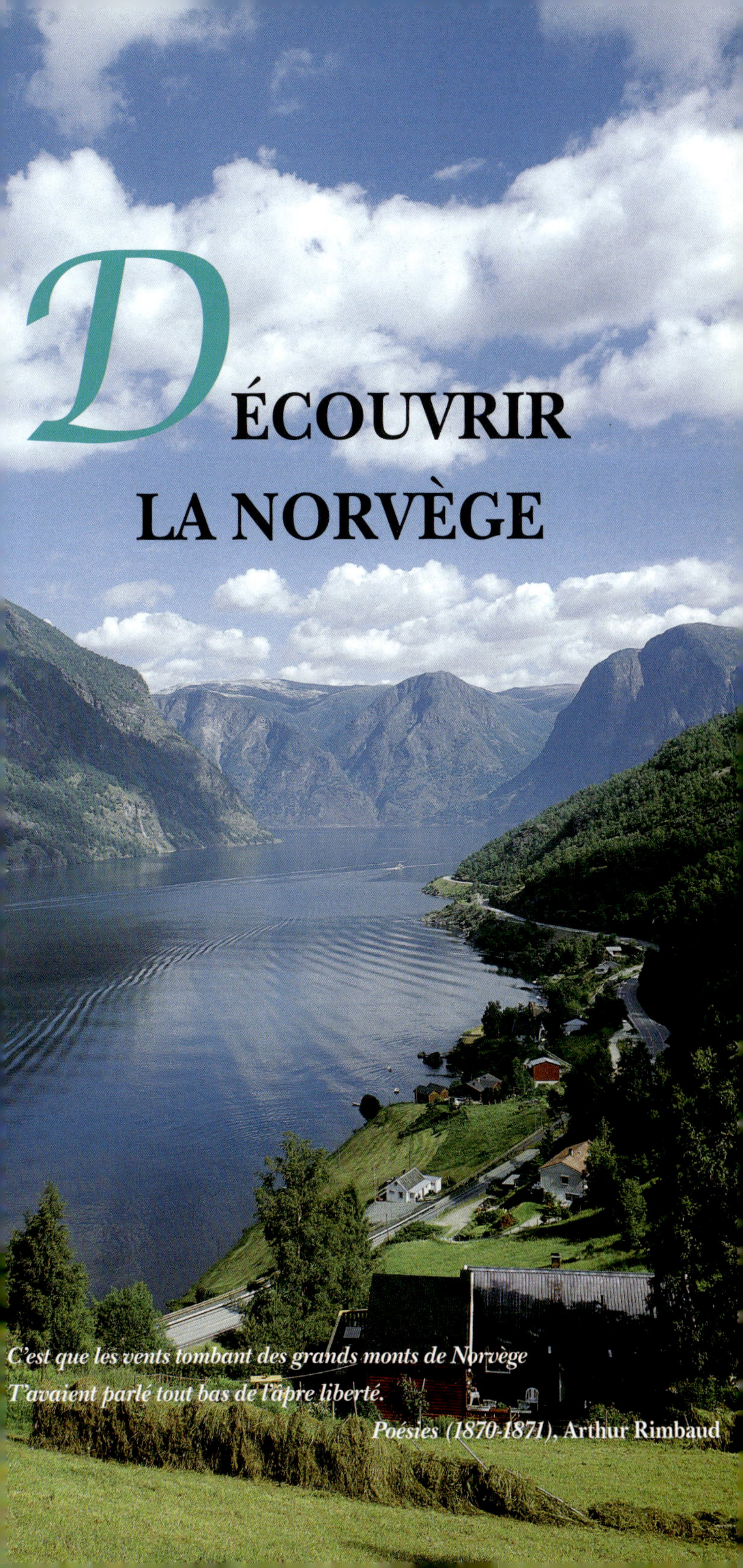

DÉCOUVRIR LA NORVÈGE

C'est que les vents tombant des grands monts de Norvège
T'avaient parlé tout bas de l'âpre liberté.

Poésies (1870-1871), Arthur Rimbaud

OSLO : UNE CAPITALE EN PLEINE NATURE

Dynamique, vivante, aérée, cosmopolite, la jeune ville d'Oslo propose peu de monuments exceptionnels, mais compte de nombreux musées de très bonne qualité.

Au fond d'un fjord long de 100 kilomètres, la capitale de la Norvège, qu'il serait idéal d'aborder par le bateau, est à la fois la plus modeste des capitales scandinaves, par sa population (545 000 habitants), et l'une des plus vastes du monde par son étendue : 454 km². La densité de 1 000 hab/km² est un record dont les Norvégiens sont fiers. Autant dire que la surface bâtie y est extrêmement réduite, même en plein centre-ville. La première impression qu'elle laisse quand on arrive par la route depuis la Suède, est d'être une véritable « ville construite à la campagne ». Avant d'atteindre le cœur de la cité, on parcourt en effet des kilomètres de bocages et de prairies. Une grande plaisanterie fait valoir que les animaux (d'élevage : bovins, ovins, caprins et porcs) y sont plus nombreux que les hommes. Les Norvégiens aiment la nature !

Oslo n'a pas le gigantisme des grandes cités européennes, mais au contraire une ambiance à la fois moderne, vivante, jeune, cultivée et sécurisante. Le sport y tient une place importante : équipements maritimes et aquatiques, terrains aménagés pour la pratique du golf, du tennis, du jogging, du cyclisme, du ski.

Résidence du roi, siège du gouvernement et du parlement *(Storting)*, la ville administrative et commerciale se double d'un important foyer universitaire et du premier centre culturel du pays. Les industries sont reléguées à la périphérie, comme les administrations et le secteur financier qui gravitent autour d'un port considéré comme le plus actif des pays nordiques. Dotée de grands hôtels de classe internationale, Oslo est un lieu de rencontre et d'échanges économiques aujourd'hui lié à l'exploitation du pétrole en mer du Nord. Elle est aussi l'une des grandes capitales culturelles du Nord, riche en musées et en centres artistiques, il est impossible de tous les visiter en une seule journée. Pour différentes bonnes raisons, la ville d'Oslo peut justifier à elle seule un voyage en Norvège.

Un peu d'histoire

Le fjord d'Oslo semble avoir été occupé par les hommes depuis la plus haute Antiquité, les historiens s'accordent à reconnaître que les premiers peuplements pourraient s'être établis dès 5 000 ans av. J.-C. Au tournant de l'ère chrétienne, le commerce maritime y était déjà actif mais la naissance de la ville qui allait devenir, très tard (XIXe s.) la capitale de la Norvège, ne semble guère être antérieure au XIe siècle. Vers 1047-1048, alors que le royaume unifié de la Norvège existe déjà depuis deux siècles environ, Harald III, dit « l'Inflexible », décide de faire construire, sur la presqu'île d'Akershus, le château destiné à devenir sa résidence. Une petite cité, par voie de conséquence, commence à se constituer à proximité, c'est la Gamleby (« vieille ville ») aujourd'hui occupée par ce que l'on appelle le centre-ville. Le château fort du roi domine la mer et le port; on élève à proximité la cathédrale Saint-Hallvard, premier sanctuaire des souverains de Norvège, dont ne subsistent que peu de choses, mais qui est l'un des plus anciens témoins de la christianisation de la Scandinavie.

Jusqu'au XIVe siècle, Bergen eut la faveur des rois, avant que ceux-ci ne lui préférassent Trondheim. Mais la situation détermina Haakon V, vers 1300, à construire cette forteresse d'Akershus parvenue jusqu'à nous. Ce roi fit beaucoup pour accroître la renommée d'Oslo mais à sa mort en 1319, le pays tomba sous la coupe des Suédois qui ne firent rien pour favoriser le développement de la ville. Au début du XVIIe siècle, après l'énorme incendie qui, en 1624, ravagea la ville, en grande partie construite en bois, le pays passa sous autorité danoise. Christian IV, qui entreprit la reconstruction d'Oslo, la fit baptiser de son nom, Christiania, qu'elle conservera jusqu'en 1925 (après 1875, sous orthographe norvégienne, Kristiania). Le siècle de Christian IV voit la ville prospérer, notamment du point de vue commercial. En 1814, la signature du traité de Kiel fit entrer la Norvège dans le giron de la Suède. Après promulgation de la constitution d'Eidsvoll (toujours en vigueur), le siège de la capitale est transféré de Trondheim à Christiania. Sa population va doubler en moins de trente ans, mais reste néanmoins modeste (20 000 habitants en 1840). Sous l'impulsion de Bernadotte, alias Karl Johan XIV, roi de Suède (et de Norvège), les premiers grands édifices officiels voient le jour: château, hôtel du Parlement, université, premiers musées. À la fin du siècle est mise en service, entre Majorstuen (alors ville de la banlieue nord) et Besserud (au sud-ouest d'Oslo), la première ligne ferroviaire électrifiée des pays du Nord (1898). En 1905, quand la Norvège acquiert son indépendance, Kristiania est une ville d'importance. En 1925, elle retrouve son ancien nom d'Oslo et, après l'occupation nazie (avril 1945), devient une véritable cité internationale. Aujourd'hui, métropole nordique de la fourrure et du pétrole, elle vit au rythme de son industrie qui anime le plus grand port marchand de Scandinavie (7 millions de tonnes par an) doté d'importants chantiers navals.

Le centre d'Oslo

Son axe rectiligne ***Karl Johans Gate*** rappelle la mémoire de Bernadotte (Karl Johan XIV) qui, à l'instar des Champs-Elysées parisiens, fit ouvrir cette avenue durant la première moitié du XIXe siècle. C'est la raison pour laquelle on appelle cette voie « les Champs-Elysées d'Oslo ».

Jusqu'à mi-parcours, elle est piétonnière ; c'est là que le tout Oslo se retrouve les soirs lumineux d'été, dans l'ambiance des terrasses de café très fréquentées. Elle est bordée de nombreuses et élégantes boutiques. *Karl Johans Gate* s'étire entre ***Sentralstajon*** (la gare centrale) et ***Slottet***, le château royal à l'extrémité opposée de l'artère rectiligne. Le secteur piétonnier part de la place de la gare jusqu'au niveau de *Stortingsgate*, devant le parlement *(Storting)* en passant devant la ***cathédrale***, seul édifice religieux de la ville digne de quelque intérêt. Construite au XVIIe siècle sur les plans d'un architecte français, et restaurée à plusieurs reprises depuis, la grande église luthérienne du pays abrite un orgue remarquable. Le ***Storting***, siège du Parlement, un imposant édifice agrandi au début du XXe siècle, est ouvert à la visite *(guidée uniquement, en été tous les jours à 10 h, 11 h 30 et 13 h, gratuit)*. Au-delà, l'artère s'élargit et cesse d'être piétonnière.

À 200 mètres à l'écart (au nord), derrière l'Université, le ***musée national des Beaux-Arts*** (Kunst Museum, plus connu sous l'appellation de ***Nasjonal Galleriet***; *ouvert en semaine de 10 h à 18 h, nocturne le jeudi jusqu'à 20 h, fermé le mardi, ouvert le samedi de 10 h à 16 h*

Le Slottet (palais royal) érigé durant le règne de Karl Johan XIV et d'Oscar Ier trône à l'extrémité de la célèbre rue Karl Johansgate.

À voir aussi à Oslo

- le centre d'art contemporain Sonja Henie *(12 kilomètres du centre)*, qui abrite de nombreuses œuvres d'art.
- le musée des Arts Décoratifs (Kunstindustrimuseum).
- le musée technique norvégien *(au nord de la ville)*.
- le musée du Patin.
- le musée des Tramways.
- le musée de l'Art international de l'Enfance.

et le dimanche de 11 h à 16 h, entrée gratuite) est l'occasion de se familiariser avec l'art norvégien bien souvent méconnu. De nombreuses œuvres d'artistes norvégiens sont exposées : Edvard Munch, Gunnar Gundersen, Jacob Weidemann, Johan Christian Dahl, Christian Krogh, et son fils Per Krogh (qui fut l'élève de Matisse), Johan Heiberg, une superbe collection d'icônes, un autoportrait de Van Gogh, des œuvres de Gauguin, Cézanne, Manet, Monet et un Greco célèbre (Saint-Pierre). On y trouve aussi des sculptures, des icônes, des costumes, des céramiques, etc.

À proximité, au *n° 2 de Frederiksgate*, l'***Historiskmuseum*** (*visite en été de 12 h à 16 h, sauf lundi, entrée gratuite*) comprend trois sections : l'histoire du pays évoquée depuis l'époque préhistorique (5 000 ans environ av. J.-C.) surtout en rapport avec l'époque viking (du VIIIe au XIIe siècles de notre ère) riche en enseignement sur les modes de vie des ancêtres des Norvégiens, leur pratique de la pêche et de la chasse, leur lutte contre les conditions climatiques, leur travail de la pierre et du bronze, leurs armes, leurs bijoux et leurs ustensiles domestiques provenant du « trésor » de Kaupang ; la section suivante expose des pièces de monnaie, des médailles et différents objets provenant notamment de *stavkirker* (« les églises en bois debout ») ; la troisième a trait à la vie polaire dans les régions arctiques au cours des âges. Au bout de la *Karl Johans Gate*, au milieu d'un parc se dresse le ***Château royal*** (*Slottet*) construit entre 1823 et 1848. De temps en temps, aux beaux jours, des concerts publics sont donnés dans le parc.

Toujours dans le centre d'Oslo, on sera aussi intéressé par le ***musée du Théâtre***. Quant à l'**Aker Brygge,** c'est à la fois un lieu culturel et un centre commercial particulièrement animé, avec boutiques, restaurants, centres de sport et même un aquarium géant. Devant ce centre, depuis la terrasse de l'un des cafés, on a une jolie vue sur le fjord.

Dominant la rive, la ***forteresse d'Akershus*** datant du début du XIVe siècle (elle était destinée à devenir la résidence royale d'Haakon V) offre un très beau panorama de la ville du haut de ses remparts. Son parc est agréable et il est possible d'assister à la relève de la garde. Certaines salles du vieux château ont été, après restauration, aménagées en vue de réceptions officielles. L'enceinte abrite l'émouvant ***musée de la Résistance*** (1940-1945), mais malheureusement les documents présentés sont évidemment tous rédigés en norvégien (*ouvert en été de 10 h à 16 h*).

La presqu'île de Bygdøy

Compte tenu du nombre et de l'importance de ses centres d'intérêt, c'est un lieu qu'il convient de visiter en priorité. Située à 6 kilomètres à l'ouest du centre, on peut s'y rendre par le bateau n° 91 (*en été uniquement, départ quai Rådhusbrygge*) on peut aussi prendre le bus n° 30 (*ligne de Bygdøy, départ Stortingsgate*). La principale « attraction » est le ***musée des Bateaux vikings*** (*Vikingskiphuset*), mais il est loin d'être la seule. Le musée a ouvert ses portes en 1926 pour recevoir le premier bateau dit d'Oseberg découvert en 1904 près de Tøslo, sous un tumulus. À côté figurent le bateau de Gokstad, encore plus imposant retrouvé en 1880, et celui de Tune, en assez mauvais état malheureusement. Il s'agit des trois seuls bateaux vikings qui aient été retrouvés en Norvège. Depuis une plate-forme on peut en examiner l'intérieur: travaillés dans d'énormes troncs, ces embarcations à la ligne élégante étaient utilisées « en fin de carrière » comme sépultures pour des dignitaires. Dans le bateau d'Oseberg qui était enfoui dans un tumulus, on découvrit en effet les corps de deux femmes; l'une semble être de condition noble, l'autre pouvant être celui d'une servante que l'on aurait sacrifiée. Le bateau contenait différents objets dont un chariot avec l'une des quatre « têtes » qu'il portait et ses quatre roues ainsi que plusieurs sculptures évoquant des scènes de la vie quotidienne (cavalier avec son chien, femme marchant). On découvrit aussi trois traîneaux en bois sculpté; l'un d'eux pouvant être attelé à deux bêtes, contenait des restes de corde, un patin de protection isolait le patin d'origine sculpté. Il fut difficile de

Le Norsk Folkemuseum, musée en plein air, regroupe plus de 150 édifices d'origine rurale et urbaine, illustrant les modes de vie des différentes régions du pays.

Dans le musée, les chalets et maisons de bois offrent aux visiteurs un aperçu de l'intérieur avec du mobilier d'époque, ainsi que des personnages en costumes. Les plus anciennes constructions datent du XIVe siècle.

reconstituer le bateau construit en chêne car, lorsqu'on l'exhuma, il ne comportait pas moins de 3000 pièces séparées. Cette embarcation de grande taille, 22 m de long pour 5 m de large, pouvait recevoir une soixantaine d'hommes dont la moitié de rameurs. On y retrouva aussi des ustensiles de cuisine dont de grands chaudrons et d'énigmatiques poteaux en érable sculptés, des coffrets et des coffres en chêne cerclés de fer, qu'il fallut reconstituer, des chaussures en cuir tanné, des peignes en os et en corne très bien conservés, des morceaux de textile correspondant à des vêtements de laine, de lin ou de soie, des tapisseries aux riches dessins illustrant des scènes de légendes ou de contes, des métiers à tisser, de grands ciseaux, des quenouilles ainsi qu'une poêle en fer à long manche. Le musée expose également des bijoux, colliers, bracelets, bagues, médaillons, en cuivre et en or.

Toujours dans l'enceinte de Bygdøy, le ***Norsk Folkemuseum***, musée « de plein air » (*ouvert tous les jours, en été de 10 h à 18 h, le reste de l'année de 12 h à 16 h*) évoque, avec la reconstitution de 150 maisons et chalets, toute l'histoire de la Norvège rurale à travers le temps. Des hôtesses en costume accueillent les visiteurs et les accompagnent dans les intérieurs typiques. On a aussi remonté la *stavkirke* (« église en bois debout ») de Gol, transportée en ces lieux à la fin du XIXe siècle et scrupuleusement reconstituée telle qu'on pouvait la voir autrefois dans sa région d'origine, le Hallingdal. Datée du début du XIIIe siècle elle est tout à fait caractéristique de l'architecture religieuse scandinave de ce temps, avec son toit qui n'est pas sans évoquer celui d'une pagode chinoise (voir le chapitre « le Patrimoine culturel »), ses sculptures d'animaux fantastiques et ses peintures intérieures qui remontent au milieu du XVIIe siècle. Le musée lapon évoque la vie passée de ce peuple, ses rudes conditions d'existence jusqu'à l'époque contemporaine, et les menaces que l'industrialisation du Nord font peser sur le maintien de son authenticité. Le musée de plein air de Bygdøy comporte d'autres collections intéressantes ; l'une a trait à la vie urbaine depuis quatre siècles (intérieurs, costumes), une autre à l'art religieux depuis la Réforme (1536), une autre à celui du tissage (tapisseries). La vie rurale et l'agriculture comportent deux sections : l'une spécialisée dans l'art paysan (meubles, ustensiles, costumes), l'autre dans le travail des champs (outils), l'exploitation de la forêt, la fabrication du fromage et autres produits dérivés du lait. On s'attardera également dans deux autres sections, celle du jouet (superbes jouets miniatures, maisons de poupées) et celle des instruments de musique (cors en corne, guimbarde, trompe en écorce de bouleau, cithare).

À l'extrémité de la péninsule sud-est, **Bygdøynes**, trois musées essentiels sont à voir : celui du navire polaire *Fram* ; tout près, celui du *Kon-Tiki*, et le ***Norsk Sjøfartsmuseum*** (musée de la navigation maritime).

Le ***Frammuseet*** abrite le *Fram* (dont le nom peut être traduit par « en avant »), navire sur lequel Nansen effectua son expédition polaire de 1893 à 1896, et que Roald Amundsen commanda, lors de l'expédition qu'il engagea dans l'Antarctique entre 1910 et 1912 (voir « le Patrimoine culturel »).

Le Frammuseet a été édifié pour abriter le navire et d'autres objets de l'expédition que Roald Amundsen engagea dans l'Antarctique au début du XXe siècle.

Dans le ***Kon-Tikimuseet***, on trouve le *Kon-Tiki*; c'est avec ce radeau en 1947 que Thor Heyerdahl et cinq équipiers parcoururent en 101 jours près de 8 000 kilomètres sur cet étonnant engin poussé par les vents et les courants à travers l'océan Pacifique, entre Callao (Pérou) et les îles Touamotou (Polynésie française). Il s'agissait de démontrer que les premiers occupants de la Polynésie étaient arrivés d'Amérique du Sud, et non d'Asie, comme on le croyait jusque-là. Le radeau, construit en bois de Balsa, est une copie de ceux qu'utilisèrent, au VIe siècle de l'ère chrétienne, les ancêtres des Incas. On verra aussi, à côté, le *Râ II*, bateau en papyrus sur lequel l'ethnologue parcourut 6 100 kilomètres en huit semaines.

Le ***Norsk Sjøfartsmuseum*** expose, quant à lui, une collection de bateaux historiques, qui démontre l'importance de la vie maritime en Norvège au cours des siècles.

Ces trois musées sont ouverts en général de 10 h à 18 h en été (avec un horaire plus limité hors-saison).

Au nord du domaine, dans un parc près de la mer, le ***château Oscarshall*** (XIXe s.) abrite une bonne collection d'œuvres de l'époque romantique norvégienne (*visite les dimanche, mardi et jeudi de 12 h à 16 h*).

Le parc de Frogner (Frogner Parken)

Également à l'ouest de l'agglomération (environ 4 kilomètres du centre; prendre le tram 12 ou 15, station place Frogner), ce vaste domaine de 40 hectares présente cinquante groupes sculptés, ne comprenant pas moins de 1 600 personnages traités dans le style « érotico-primitif » par le sculpteur Gustav Vigeland surnommé par certains « le Rodin du Néanderthal » (voir p. 31), une visite absolument indispensable.

Le musée Munch

Diamétralement à l'opposé, c'est-à-dire loin à l'est du centre, le musée consacré intégralement au plus grand des peintres norvégiens, qui fut aussi un lithograveur à l'abondante production, est l'un des fleurons de la ville d'Oslo. On peut s'y rendre en prenant le bus n° 20 ou encore par le métro, lignes 1, 2, 3, 4, ou 5, station Tøyen (*le musée est ouvert en été tous les jours de 10 h à 18 h, horaires restreints le reste de l'année*).

Peintre, dessinateur et graveur, Edvard Munch (1863-1944) a été profondément marqué dans sa jeunesse, par la disparition de sa mère et de sa sœur, Sophie. Aussi, son œuvre exprime-t-elle souvent les notions de mort et de maladie. En 1885 (il avait alors 22 ans), lors de son premier voyage à Paris, il fut influencé par la peinture impressionniste. Élève du peintre naturaliste Christian Krohg qui exerça une grande influence sur son art, sa vocation fut déterminée par ses rencontres avec Gauguin et Van Gogh. Dès 1889, il commença à rassembler son œuvre dans une suite qu'il baptisa « la Frise de la Vie ». Ses premières lithographies furent réalisées en 1914, ses

OSLO PRATIQUE

Office du tourisme: situé non loin de l'Hôtel de Ville tout près du port: *Fritjof Nansens Plass 5,* 0160 Oslo, tél. (47) 815 30555. Il y a également une antenne dans la Gare Centrale. www.visitoslo.com

La première chose à faire est de se procurer *Oslo Kortet* (la «carte d'Oslo»), valable un, deux ou trois jours, et qui permet de circuler librement avec les transports en commun (lignes de métro, tramways, autobus, trains de banlieue), d'entrer gratuitement dans les musées et les lieux d'intérêt, de stationner sans payer dans les parkings municipaux de la ville, de bénéficier de tarifs spéciaux pour les excursions, dans certains restaurants, et même d'obtenir des réductions pour les locations de voitures ou la pratique d'activités sportives. Cette carte peut être acquise dans de nombreux lieux publics, et bien sûr auprès de l'Office de tourisme. L'Office vous remettra également une documentation, un plan de la ville, des informations pratiques concernant toute la Norvège, le tout en français. Prix du pass pour une journée: 220 Kr (adulte), 95 Kr (moins de 15 ans). Pour 3 jours: 410 Kr (adulte), 150 Kr (moins de 15 ans).

L'aéroport, Gardermoen, est situé à 55 km d'Oslo. Accès à la capitale par le train en 20 minutes, départ toutes les 10 mn; en bus avec la navette SAS, départ toutes les 20 mn, durée 40 mn.

Transports en commun: Il y a 6 lignes de métro (T-bane), 8 lignes de tramway (Trikk) et une cinquantaine de lignes de bus (Buss). Renseignements: Trafikanten, *Jernbanetorget 1,* devant la gare, tél. 177.

Des bacs relient Oslo à la presqu'île de Bygdøy, départ de l'embarcadère *Rådhusbryggen, 3.*

Les trains en provenance d'autres régions desservent la Gare Centrale d'Oslo (Oslo S) en plein centre-ville.

xylographies et ses eaux fortes, à partir de 1910, toutes traduisent son angoisse permanente. Au tournant du siècle, il réalisa le décor du hall de l'université d'Oslo, que beaucoup considèrent comme l'un de ses chefs-d'œuvre. À partir de 1910, un ton nouveau se manifesta dans ses œuvres; Munch s'oriente alors vers le fauvisme. Le musée abrite une grande partie des œuvres de l'artiste mais toutes ne peuvent être exposées en même temps; aussi certaines salles sont-elles consacrées à des expositions temporaires. Munch est présent dans plusieurs autres musées notamment à la Galerie Nationale d'Oslo et dans de nombreux centres d'art de Copenhague.

Une visite capitale: le tremplin de saut à skis de **Holmenkollen**, sous lequel est installé le ***musée du Ski*** (*Skimuseet*) construit en 1892; on y voit notamment le célèbre ski d'Øvrebø (2 500 ans). On se rend à Holmenkollen par le tramway, descendre au terminus, puis marcher environ 15 mn pour monter à la tour panoramique de Tryvann à 645 m d'altitude, elle s'élève à 118 m (*accès au sommet par ascenseur*).

La Région d'Oslo

À l'est, les provinces d'Akershus et l'Ostfold sont les deux « départements » que l'on traverse en venant de Suède, avant d'atteindre la capitale de la Norvège.

L'Akershus

Cette province est essentiellement rurale, très verte, très coquette, dotée de nombreux équipements sportifs, de parcs et de bons hôtels. Les villes y font plutôt figure de bourgades éparses, dans un environnement de prairies, de forêts, de lacs, de rivières. Le principal fleuve de Norvège, la Glomma, traverse du nord au sud cette province d'Akershus, collinaire, parcourue par des sentiers de randonnée pédestre, cyclotouristique, équestre, appelant au séjour prolongé. D'ailleurs, nombre d'habitants d'Oslo y disposent d'une résidence secondaire.

Deux sites touristiques : le ***train « historique » dit Tertitten***, conduit de Sorumsand jusqu'aux rives de la Glomma et le ***manoir d'Eidsvoll***, constitué en musée d'État à 65 kilomètres au nord-est d'Oslo où fut signée la Constitution de 1814, toujours en vigueur (*ouvert de juin à août, tous les jours de 10 h à 17 h, horaires restreints le reste de l'année*).

L'Ostfold

L'Ostfold, quant à lui, est un territoire relativement plat et moyennement urbanisé, avec un réseau routier assez dense en comparaison des autres parties du pays. Région agricole, elle fut aussi l'une des plus anciennement humanisées du nord de l'Europe ; ses premiers occupants ont pu s'établir là aux environs de 5 000 avant J.-C. et elle conserve de nombreux souvenirs des Vikings du Haut Moyen Âge, comme en témoignent çà et là, les pierres runiques découvertes. La proximité de la mer explique sans doute ce passé, comme elle justifie aussi de son activité commerciale et industrielle actuelle.

Office de tourisme de Fredrikstad : sur la rive est, *Tøihusgata 41*, tél : 69 30 46 00. www.opplevfredrikstad.com

Office de tourisme de Moss : *Skoggaten 52*, tél. 69 24 15 20. www.visitmoss.com.

En arrivant en Norvège depuis Göteborg (Suède), on peut s'arrêter à **Fredrikstad** (68 000 habitants), centre industriel né autour de **Kongsten** le plus important site fortifié du pays. Il vit de l'activité de ses chantiers navals, de ses écoles techniques, de sa base de formation de marins, de son rôle militaire, dans un site privilégié en bordure du fjord d'Oslo. Le centre ancien est passionnant, il faut laisser, à l'ouest de la Glomma, la ville moderne et franchir le pont suspendu. Au sein de la ville fortifiée aux vieilles maisons de bois, s'activent de nombreux artisans, dans la tradition nordique. À ce titre, Fredrikstad est une excellente initiation au pays (comme dans toute la Scandinavie, les horaires pour visiter les artisans sont entre 9 h et 15 h).

Sur la route de Fredrikstad à Oslo, on peut faire étape à **Moss** (30 000 habitants), ville également bien dotée de possibilités d'hébergement mais d'intérêt touristique plus limité. Elle dispose cependant de jolies plages et on peut y faire de belles promenades à travers son archipel, en outre, elle est reliée par des services réguliers de bateaux avec la capitale.

À l'ouest d'Oslo, se situent les provinces du Buskerud et du Vestfold. La province de Buskerud est très étendue puisqu'elle va jusqu'à la région des fjords de l'Ouest. Pour ce qui est du Vestfold, les excursions suggérées ne sont pas très éloignées de la capitale, Larvik, la ville la plus lointaine, est à moins de trois heures de route.

Le Buskerud

Bordé au sud par le pittoresque Telemark, le Buskerud montagneux et agreste, en grande partie désertique, offre de vastes possibilités de randonnée (marche en montagne, équitation canoë, pêche et bien sûr, en hiver, ski de fond).

À 45 kilomètres au sud-ouest d'Oslo, **Drammen** (55 000 habitants) port et centre industriel (aciéries, métallurgie, exportation de bois et de papier, importation de véhicules), gravite autour du vieux quartier aux ruelles étroites de Stromsø, dont l'église date du milieu du XVIIe siècle ; le ***Orammensmuseum*** est un musée d'arts et de traditions populaires.

À 7 kilomètres, les gravures rupestres de **Helleristninger** qui semblent dater de 4 000 ans avant J.-C., représentent la faune de l'époque : rennes, castors, élans, poissons.

La route de Spiral (*Spiralveien*) débouche, après un long tunnel, sur Bragernasen, d'où l'on découvre un très beau paysage.

À 65 kilomètres à l'ouest d'Oslo, **Løken** est réputée pour son musée régional, en grande partie consacré à la pêche au saumon, et pour le voisinage de son cimetière datant de l'âge du fer.

Office de tourisme de Drammen :
Bragernes Torg 6,
tél. 32 21 64 50.

Office de tourisme de Kongsberg :
Jernbanestasjonen
(la gare),
tél. 32 29 90 50.

À 40 kilomètres à l'ouest de Drammen, **Kongsberg** (21 000 habitants) exploite depuis le début du XVIIe siècle des mines d'argent ; c'est là qu'est frappée la monnaie norvégienne depuis 1814, y a également été ouverte la ***Manufacture Nationale d'Armes***. On y visitera l'église (1761) à la décoration intérieure de style baroque, le ***musée de la Mine*** (*Bergverksmuseet*), établi dans une forge, et sa rétrospective historique (*ouvert en été de 10 h à 16 h*), le ***musée de l'Habitat du Numedal*** et à 7 kilomètres les mines de Saggrenda, à 1 000 m de profondeur.

Le Vestfold

Le Vestfold, au climat doux et aux importantes ressources touristiques, intéresse particulièrement les amateurs de sports nautiques, les pêcheurs en eaux douces, les randonneurs en forêt et les amateurs de farniente sur les plages. C'est aussi une région qui fut occupée de longue date ; les plus anciens témoignages de la vie qu'on y ait relevés remontent à 5 000 ans environ avant J.-C.

En venant d'Oslo, après Holmestrand, dans un très beau site (70 km sud de la capitale), on pourra faire étape, 20 kilomètres plus loin à **Horten** (17 000 habitants) où l'on visitera le ***musée de la Marine et le musée de la Photographie***, tous deux installés dans la forteresse. Inau-

L'Akershus est une des régions écologiquement préservée de Norvège. Son environnement privilégié en fait une des destinations favorites des habitants d'Oslo.

gurée en 2001, le musée de la Photographie présente les appareils de façon chronologique et possède un fonds exceptionnel.

À **Borre**, à 15 kilomètres de là, le plus ancien Parc national de Norvège s'est constitué autour du plus vieux cimetière royal viking du pays.

Le centre industriel de **Tønsberg** (100 km d'Oslo, 32 000 habitants) fonctionne depuis le IXe siècle, il était déjà un important port à l'époque des premières expéditions vers l'Islande. Dominé par une puissante forteresse (panorama), on y visitera notamment le ***Fylkesmuseum*** et sa collection de bâtiments anciens.

À 20 kilomètres dans une région riche en gravures rupestres, **Sandefjord** dispose de trois musées : le ***musée Viking*** (municipal), celui de la ***Navigation maritime*** (*Sjøfartsmuseum*) et celui de la ***Chasse à la baleine*** (*Hvalfangstmuseet*) qui présente deux sections : zoologique avec une baleine bleue et des animaux polaires naturalisés ; historique, retraçant les étapes de la chasse.

À l'extrémité sud de la province, sur un fjord, **Larvik** (21 000 habitants), qui entretient des relations fréquentes par ferry avec Frederikshavn (Danemark) fait figure de petite capitale régionale. Sont à voir : le ***musée de la Marine*** et le château du XVIIe siècle dans l'enceinte duquel fonctionne le musée municipal.

Office de tourisme de Tønsberg : *Tollbodgate 22* (face à la gare), tél. 33 35 45 20.

Office de tourisme de Larvik : *Storgate 48*, tél. 33 13 91 00.

Les Norvégiens aiment la mer et il est fréquent, surtout dans la région du pays, de voir ces belles maisons blanches au bord de l'eau avec chacune son ponton.

LE SUD DE LA NORVÈGE

Le Telemark

La province de Telemark est parfois surnommée « Norvège en miniature » ; on y trouve en effet la plupart des paysages du pays : le plus grand nombre de lacs, un climat agréable, des maisons coquettes, des vergers et, dans les secteurs montagneux, des neiges éternelles et des glaciers d'où partent des torrents rugissants et des cascades. Les routes n'en finissent pas de tourner et de multiples sentiers de randonnée sillonnent cette région.

La E 134, route de Drammen à Haugesund, traverse le pays d'est en ouest ; peu après la cité industrielle de **Notodden** (32 km de Kongsberg, 12000 habitants), on découvre, dans le village de **Heddal**, la plus célèbre et la plus grande des *stavkirker* de Norvège, que l'on appelle « cathédrale » (*domkirke*). À trois nefs, cet édifice construit au XIIIe siècle s'impose par sa riche ornementation sculptée d'animaux et de figures fantastiques. Non loin de là, un musée est consacré à « l'art de la rose », c'est-à-dire aux peintures ayant orné, à l'époque de la Renaissance, les églises médiévales norvégiennes ; un autre musée, « de plein air » expose quelques types de maisons traditionnelles régionales.

Au-delà, la route traverse une région aux paysages magnifiques. À l'écart tout à fait à l'ouest de la province, on ne regrettera pas le ***parcours de la route 355*** de Grossli à Treungen, qui passe par

Fyresdal et au départ de laquelle on peut effectuer une excursion à pied jusqu'au sommet du Roar, à 1 192 m d'altitude.

Toujours à l'écart mais au nord cette fois, le ***parcours de la route de Rjukan*** permet de découvrir la grande cascade de Rjukanfoss qui chute de 105 mètres.

À **Rjukan** même s'ouvrit en 1943 une grande page d'histoire, celle de la « bataille de l'eau lourde » : les nazis espéraient pouvoir

s'y procurer les moyens de fabriquer leur bombe atomique. Avec la complicité des Anglais qui parachutèrent sur les lieux des commandos, les Norvégiens parvinrent à saboter l'installation. Un film célèbre de 1948, *La Bataille de l'eau lourde*, de Jean Dréville, relate l'événement.

Le **lac Tinnsjø** que l'on contourne depuis Heddal, est l'un des plus profonds de Norvège (460 m) ; on peut s'offrir une promenade en bateau pour admirer la beauté des sites qui l'encadrent.

Au sud du Telemark, desservie par la route 36 et bordant le lac Norsjø, **Skien** (30 000 habitants) qui vit naître Henrik Ibsen est un centre industriel de transformation du bois. Ne pas manquer à **Venstrop** la maison natale du grand écrivain, ouverte au public. À **Søndre Brekke**, une collection Ibsen est présentée dans l'enceinte du ***Fylkmuseet for Telemark***. Trois fois par semaine, une excursion en bateau sur le ***canal de Skien*** (canal du Telemark) jusqu'à Ulefoss, permet de découvrir de magnifiques paysages et on franchit entre Ulefoss et Strengen un système d'écluses dans un site paradisiaque.

À 50 kilomètres au nord-ouest de Skien toujours sur la route 36, **Bø i Telemark** (1 500 habitants) est, dans un paysage magnifique, une petite ville fréquentée par les artistes.

Sur le littoral à l'écart de la E 18 vers Kristiansand, **Kragerø** (5 500 habitants) est une cité de villégiature à la mode. Elle ne manque pas d'allure avec ses ruelles grimpantes dans un site rocheux. On y trouvera de luxueux hôtels mais aussi abondance d'auberges et de restaurants.

Le Sorlandet

Au-delà de la province de Telemark, le **Sorlandet** comprend deux départements : au sud-ouest le Vest-Agder, à l'est et au nord l'Aust-Agder. Région de vacances très prisée par les Norvégiens, le Sorlandet est réputé pour ses superbes plages de sable fin et pour la douceur de son climat ; on le compare même dans les pays du Nord au sud de la France. Il bénéficie en effet d'un climat ensoleillé dans un arrière-pays de montagnes. Le littoral qui se développe sur 1 150 kilomètres est jalonné par près de 200 îles et îlots, véritable paradis pour les plaisanciers.

Située sur la E 18, la petite ville de **Risør** est connue pour ses maisons de bois blanches qui constituent un des plus beaux ensembles de l'Europe du Nord, et qui a inspiré de nombreux peintres.

À 265 kilomètres d'Oslo, **Arendal** (25 500 habitants) est une agréable ville côtière. Le quartier historique de la ville ainsi que le petit port, Pollen, très pittoresque, suscitent une attention méritée et sur la proche île Medøy, le ***musée Merdøgård*** n'est autre qu'une très ancienne maison de marins reconstituée, c'est-à-dire riche de l'enseignement de toute l'ancienne Norvège.

À 18 kilomètres, **Grimstad** (16 000 habitants) justifie également une étape ne serait-ce que pour le musée ouvert dans la pharmacie où Henrik Ibsen était préparateur et où il composa sa première œuvre historique, *Catilina*.

KRISTIANSAND PRATIQUE

Office de tourisme de Kristiansand: *Raadhusgaten 6*, tél. 38 12 13 14. www.regionkristiansand.no

Aéroport international: à Kjevik (16 km au nord-ouest).

Gares ferroviaires et routières sur *Vestre Strandgate.*

Kristiansand est, avec 71 000 habitants, la cinquième ville de Norvège en importance; située sur les rives de l'Otra, à 330 kilomètres d'Oslo, elle est desservie par la route E 18.

Un peu d'histoire

Elle a acquis au XIXe siècle une grande renommée pour ses chantiers de construction navale et pour sa marine à voile. Depuis, elle est devenue un important centre industriel, exportant vers l'étranger et notamment la Grande-Bretagne, une partie de ses productions: aluminium, nickel, conserves, papier, etc. Elle communique aussi avec une partie de l'Europe par l'intermédiaire de sa flotte de commerce des car-ferries qui la relient régulièrement au Danemark. Officiellement, sa fondation date de Christian IV de Danemark (d'où son nom), en 1641, le roi y fit édifier sur un plateau étroit (1 km^2) une bastide caractéristique du XVIIe siècle nordique.

La ville moderne, très aérée, s'est développée autour de cette Quadrature, cité tracée à l'équerre, d'un charme indéniable. Il faut aussi voir à Kristiansand: la ***cathédrale*** (XIXe s.), le ***fort de Kristiansholm***, qui date de la Renaissance, les vieilles maisons de Sørland (XVIIIe s.), le ***musée des Beaux-Arts, le musée de sculpture*** et surtout celui des ***Arts et Traditions Populaires*** (*Vest-Agder Fylkesmuseum*) sur Osterveien où une trentaine d'habitations rurales ont été reconstituées (*ouvert tous les jours en été de 10 h à 18 h, le reste de l'année uniquement le dimanche*). La ville est aussi un centre de randonnées pédestres, automobiles et ferroviaires (par le vieux train à vapeur de Grovane, que tracte une locomotive du XIXe s.).

Dans le sud de la Norvège, les eaux de mer et celles du fleuve se rejoignent en de multiples bras ; de coquettes maisons s'y sont installées.

Renseignements Telemark:
www.visittelemark.com
Renseignements Sorlandet:
www.visitsorlandet.com
Office de tourisme de Mandal:
Bryggegate 10, 4514 Mandal,
tél: 38 27 83 00.
www.regionmandal.com

Les enfants apprécieront le plus grand ***Zoo de Norvège*** (*Kristiansand Dyrepark*), avec ses 500 animaux de 80 espèces différentes, et son parc d'attraction (navires de pirates).

À 42 kilomètres, à l'ouest de Kristiansand, par la E 39, **Mandal** (12 500 habitants) est la ville la plus méridionale de la Norvège. Patrie de Gustav Vigeland (voir dans le chapitre « Oslo », le parc de Frogner), c'est une cité aux maisons blanches, d'une architecture traditionnelle, aux petites rues tortueuses et une station balnéaire avec une plage longue d'un kilomètre, desservie par la station de Sjøsanden. Sont à découvrir : le vieux quartier du XVe siècle aux maisons fleuries, la très grande église construite au XIXe siècle dans le style Empire et les îles voisines où des excursions sont proposées par l'Office de tourisme.

À 125 kilomètres de Kristiansand, toujours sur la E 39, **Flekkefjord** est une petite cité de maisons de bois du XVIIIe siècle édifiée au cœur d'une nature généreuse. Ancienne ville du hareng, elle est toujours un port pittoresque dans un environnement de belles plages.

La route 44, qui conduit de Flekkefjord à **Egersund** (70 km) longe la mer en traversant une très belle région ; le parcours peut être rendu difficile en raison de l'étroitesse de la route et de nombreux tunnels mais elle permet de suivre jusqu'à Stavanger un itinéraire impressionnant. Ce parcours porte le nom de « Route de la Mer du Nord » (*Nordsjöveien*).

On peut aussi atteindre Stavanger (à 135 km de Flekkefjord) par la E 39, dans un superbe paysage de montagnes, de lacs et de vallées profondes et encaissées.

La côte près d'Arendal recèle de très nombreuses maisons de pêcheurs, dans lesquelles aujourd'hui les habitants d'Oslo viennent y passer leurs vacances.

Bergen, un des ports les plus importants de la Norvège, a été un des comptoirs de la Ligue hanséatique. L'architecture de ses maisons, caractéristique des autres villes dépendantes de la Ligue, a été classée au patrimoine mondial de l'Unesco.

LA NORVÈGE DE L'OUEST

Appelée « la région des fjords », elle recouvre quatre grands départements : le Rogaland (chef-lieu, Stavanger), le Hordaland (chef-lieu, Bergen), le Sogn og Fjordane, le Møre og Romsdal (chef-lieu, Ålesund). C'est un territoire magnifique de hautes montagnes coiffées de glaciers, d'archipels, de vallées immenses où pénètre parfois la mer jusqu'à plus de 200 kilomètres à l'intérieur des terres, de parois verticales, de cascades vertigineuses, d'eaux vertes ou bleues, transparentes et profondes.

Il faut visiter cette région, par la route de préférence, où tout invite aux étapes dans des petits villages aux maisons fleuries parmi les vergers où grondent des torrents bondissants.

LE ROGALAND

Stavanger

Chef-lieu du Rogaland, à 590 kilomètres d'Oslo par la route littorale, Stavanger avec 110 000 habitants est la quatrième ville en importance de la Norvège.

Un peu d'histoire

Cité maritime active depuis toujours, elle a connu un regain d'activité à la suite de la découverte de gisements de pétrole proches, en mer du Nord. À la cité traditionnelle s'est juxtaposée une ville née de l'exploitation pétrolière. Aux environs du Xe siècle, Stavanger était une base importante d'expéditions vikings. En 1425, recevant une charte municipale, elle acquit alors une notoriété que ne démentiront pas les années. Dès le XVIIe siècle, elle devient spécialisée dans la pêche au hareng ; plus tard, ses conserveries et l'importance de sa flotte en font une véritable capitale régionale. Elle se transforme alors, dès la fin du XIXe siècle, en un port de voyageurs doublé d'un centre industriel, animé de chantiers navals et doté de multiples ateliers de construction mécanique. La découverte de gisements de pétrole voisins en 1966 assure son développement économique actuel ; cela a également permis à la ville d'attirer en son sein non seulement des capitaux mais aussi un personnel d'affaires et, par voie de conséquence, la création d'hôtels de classe internationale. En 2008, Stavanger a été Capitale Européenne de la Culture, une année riche en événements culturels.

Le modernisme n'a pas pour autant rayé de la carte la ville traditionnelle, celle-ci conserve des quartiers anciens pleins de charme, des parcs et des jardins où il fait bon se promener, son traditionnel marché au poisson, sans oublier de superbes équipements dans les domaines culturels et scientifiques.

On portera un intérêt particulier à l'animation portuaire, au pittoresque quartier ancien de **Skagen** (*Gamle Stavanger*), avec ses maisons de bois et ses échoppes, et l'on montera à la ***tour Valberg*** près

Stavanger est une des villes les plus riches de Norvège, aux nombreuses maisons en bord de marina, d'où il est facile de partir en mer.

STAVANGER PRATIQUE

Office de tourisme : *Domkirkeplassen 3*, tél. 51 85 92 00. www.RegionStavanger.com

Aéroport international : à Sola, (14 km), desserte par car.

Gares ferroviaire et routière sur *Jernbaneveien.*

du marché, qui offre un magnifique panorama sur toute la ville et ses environs. Deux visites essentielles : la cathédrale et le musée de la Conserverie. La ***cathédrale*** qui domine le site, date du Moyen Âge ; la première église dut être édifiée vers 1125 dans le style anglo-normand. Ravagée par un incendie en 1272, elle fut reconstruite partiellement dans le style gothique ; dominée par quatre tours, elle est à trois nefs et son intérieur est décoré dans le style baroque. (*ouvert de mi-mai à mi-septembre de 11 h à 18 h, hors-saison du mercredi au samedi de 10 h à 15 h.*)

Le ***musée de la Conserverie*** (*Norsk Hermetikkmuseum, Øvre Strandgate 88; ouvert tous les jours en été de 11 h à 16 h, le reste de l'année uniquement le dimanche*) présente notamment une conserverie de sardines telle que ce genre d'établissement se présentait au début du XXe siècle, exposition didactique depuis la pêche jusqu'à la mise

L'AQUACULTURE

L'aquaculture a permis récemment un regain d'activité ; près de 1 000 fermes en vivent, employant environ 4 000 personnes dans un domaine où abondent saumons et truites dans des eaux salées, réchauffées par le courant norvégien. La totalité des élevages autorise une production annuelle supérieure à 100 000 tonnes avec une forte exportation, notamment vers la France, gros consommateur de saumon, tranché et emballé sur place. L'aquaculture du saumon a pris la voie de la diversification en raison de sa rentabilité ; plusieurs fermes aujourd'hui élèvent aussi du flétan, du turbot et du cabillaud.

en boîtes. Jusqu'aux années 1960, Stavanger a vécu principalement de l'industrie de la conserve (produits de la pêche et de l'agriculture), activité qui est demeurée très vivante. La seule école de conserverie du monde est d'ailleurs établie à Stavanger. On pourra visiter aussi le ***musée de la Marine et du Commerce*** (*Sjøfartsmuseet, Nedre Strandgate 17-19*) où est évoquée l'histoire de la navigation locale aux XVIIIe et XIXe siècles. Parmi les autres attractions de Stavanger, citons le ***musée du Pétrole*** (*Oljemuseet*), et une ferme de l'âge de fer reconstituée dans les environs proches de la ville.

Une excursion des plus spectaculaires à ne pas manquer, au nord-est de Stavanger : l'ascension (*environ 1 h 30 de marche*) de **Prekestolen** (le « rocher de la Chaire »), à 597 m d'altitude, depuis lequel, après un parcours magnifique, on découvre les couleurs merveilleuses du Lysefjord. Cette énorme falaise tombe à pic dans les eaux du fjord. Renseignements à l'Office du tourisme.

Autre excursion qui s'impose : une promenade en bateau dans l'archipel, ou sur le **Lysefjord**, un des plus célèbres fjords (informations auprès de l'Office de tourisme).

Haugesund

À 50 kilomètres au nord de Stavanger (*services maritimes directs ou ferry, puis route*) et au terminus de la route 76 (*Oslo à 460 km*), la seconde ville en importance du Rogaland (30 000 habitants) vit essentiellement de la pêche, de la construction navale et de l'exploitation du pétrole.

On y appréciera l'animation du port où retentissent les cris des oiseaux, le petit musée établi au ***Rådhuset*** (Hôtel de Ville) et à la sortie nord, le panorama découvert depuis le lieu-dit Bellevue.

À 6 kilomètres au sud sur l'île de **Karmøy**, sont à découvrir l'église d'**Avaldsnes** qui date du XIIe siècle et de grands tumuli de l'âge de bronze.

Office de tourisme d'Haugesund :
Strandgata 17, tél. 52 01 08 30.
www.visithaugalandet.no

LE HORDALAND

Bergen

À 100 kilomètres au nord d'Haugesund et à 500 kilomètres d'Oslo (*par Geilo, ou 470 km par le train*), la deuxième ville de Norvège (250 000 habitants) est aussi le deuxième port du pays, le grand Bergen est aussi vaste qu'Oslo (445 km²). Capitale de la région du Vestlandet (celle des « fjords de l'Ouest ») et chef-lieu du Hordaland, elle apparaît dans un décor de grandes montagnes et de multiples îles et îlots.

Métropole économique, Bergen est aussi un important centre culturel et universitaire que fréquentent près de 10 000 étudiants, c'est donc une ville particulièrement vivante et jeune. Le festival de musique (mais aussi de folklore et de théâtre) dit festival Edvard Grieg, qui a lieu tous les ans en mai-juin, draine une foule considérable venue de toute l'Europe. On se souviendra que Bergen est la patrie d'Edvard Grieg (1843-1907).

On aura une très jolie vue sur la ville et sur ses environs depuis le sommet de la ***colline de Fløyen*** (320 m), où conduit un funiculaire dans la lumière argentée, tout entourée d'eau, de montagnes, la grande ville apparaît magnifique, aérée. Se promener sur le port où sont amarrés de très nombreux bateaux, vers le marché au poisson, et dans **Bryggen**, le vieux quartier marchand.

Enfin, il ne faut pas repartir sans avoir visité l'archipel en bateau, ce port qui entretient des relations maritimes avec de nombreux pays du monde (et avec les autres ports norvégiens), est aussi la tête de ligne de l'***Hurtigrute***, alias ***l'Express Côtier***.

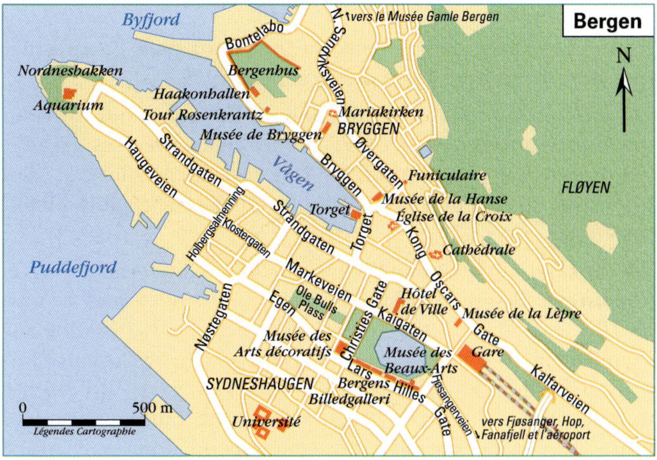

Un peu d'histoire

Ce site privilégié fut occupé par les premiers habitants de la Norvège; mais la ville, grand carrefour des routes maritimes du Nord dès le haut Moyen Âge, ne fut officiellement fondée qu'en 1070, quand Olav-le-Pacifique décida de s'y établir et d'y faire construire le premier château. Elle restera résidence royale durant près de trois siècles et demeurera, jusqu'à une date récente, la plus grande ville de Norvège.

Au début du XIVe siècle, Haakon V lui préféra Oslo, mais Bergen conserva son activité commerçante. En 1343, le quartier de Bryggen devint celui des marchands de la Hanse et les premiers comptoirs de la Ligue Hanséatique y furent officiellement ouverts dès 1350; ils y fonctionneront jusqu'à la dissolution de la Ligue en 1760. Décimée au Moyen Âge par le fléau que fut la peste noire, la ville à chaque fois se redressait, ce qui ne l'empêchait pas de subir de nombreux incendies (ceux de 1702 et de 1809 furent terribles). Détrônée de son premier rang au XIXe siècle par l'importance grandissante d'Oslo, elle n'en continua pas moins à entretenir une grande activité commerciale et maritime sur le plan international. Cela reste toujours vrai.

Le commerce de Bergen dépend en grande partie de son activité industrielle: dérivés de la pêche, industries alimentaires, textile, bois, bâtiment, construction navale, orfèvrerie et aujourd'hui pétrole. Un énorme gisement a en effet été découvert, non loin à l'ouest, dont les réserves (pour un seul et même secteur) sont estimées à 650 milliards de m^3. Il est, de ce fait, le plus important d'Europe et de nouvelles recherches laissent à penser qu'il est encore beaucoup plus considérable que cela. L'exportation pétrolière a permis de mettre en place de nouvelles industries qui, à Bergen, emploient une main-d'œuvre abondante.

Sur le plan intellectuel, Bergen a toujours occupé une place privilégiée en Europe du Nord, elle dispose d'une école supérieure de commerce renommée, de plusieurs instituts et de centres de recherche (météorologie, océanographie, biologie marine).

Visiter Bergen

Il vaudrait mieux prévoir deux ou trois jours pour en effectuer une visite touristique à peu près complète.

On parcourra d'abord le **quartier de Bryggen**, qui fut celui des marchands, et qui s'ouvre sur les quais avec ses grandes maisons de bois aux pignons pointus, souvent accolées, et dont la plupart datent de la Renaissance, elles sont régulièrement restaurées.

Situé près du quai et établi dans un édifice moderne en verre, le ***musée de Bryggen*** (*Bryggensmuseum, ouvert en été tous les jours de 10 h à 17 h; le reste de l'année, horaires restreints*), édifié sur l'emplacement d'un site archéologique, abrite également l'Institut archéologique médiéval Erling Dekke Naess. Il présente tous les objets découverts *in situ*, lors des fouilles effectuées entre 1955 et 1972, après un terrible incendie qui avait ravagé sept des maisons hanséatiques du quartier (le musée n'a été inauguré qu'en 1976). On y trouvera des vestiges d'édifices dont certains datent du XIIe siècle, des céramiques provenant de différents pays d'Europe, 400 inscriptions runiques qui évoquent l'activité commerciale, la navigation, l'artisanat. Plusieurs pièces médiévales permettent de se faire une idée de ce qu'était autrefois la vie sociale et économique, la pratique de la chasse, de la pêche, des échanges commerciaux et même de la vie musicale. Tous les objets découverts ne sont pas exposés de façon permanente ; beaucoup ne sont présentés qu'à l'occasion d'expositions temporaires.

Le ***musée de la Hanse*** est établi dans une très ancienne construction en bois, parmi les mieux conservées du quartier de Bryggen (*Det Hanseatiske Museet, à Dreggalmenning, visite tous les jours, de juin à août, de 9 h à 17 h, le reste de l'année de 11 h à 14 h*). La Hanse, qui fonctionna à Bergen du XIIIe au XVIIIe siècle, eut une action particulièrement efficace dans le dynamisme de la ville, mais

Le musée des Arts décoratifs de Bergen, hébergé dans un imposant bâtiment du XIXe siècle, présente de belles collections d'artisanat.

son emprise était devenue telle que la population se rebella et la Ligue finit par être dissoute, rappelons qu'elle était animée par des marchands allemands.

La place du marché, **Torget**, est très animée et attire de nombreux touristes. C'est là que s'y tient le marché aux poissons et autres produits de la mer, et que l'on peut y déguster poissons marinés, fumés, petits sandwiches...

Le ***musée des Beaux-Arts de Bergen***, (*Bergen Kunstmuseum*) présente de très belles collections d'art du XIIe au XXe siècle (*ouvert tous les jours de 11 h à 17 h sauf le lundi*). À côté, le ***musée Rasmus Meyer*** (*Rasmus Meyer Samlinger, Rasmus Meyers Allé, visite en été tous les jours de 11 h à 16 h*) expose de nombreuses œuvres de peintres norvégiens dont une bonne collection de celles d'Edvard Munch. Dans la même rue, la ***Bergens Billedgalleri*** abrite la collection de Rolf Stenersen, riche de nombreuses œuvres européennes des XIXe et XXe siècles (notamment Munch, Picasso, Klee, Utrillo, etc.).

Non loin de là, le ***musée des Arts décoratifs du Vestland*** (*Veslandske Kunstindustrimuseum*) comprend trois sections: Arts appliqués, Beaux-Arts et Pêche.

À proximité, à l'est, se dresse la ***cathédrale*** dont les parties les plus anciennes datent de la fin du XIIe siècle. Le dôme est un mélange d'architectures de plusieurs époques. En continuant sur *Kong Oscar Gate* on atteint l'***église de la Croix*** (XIIe siècle, reconstruite au XVIIe s.).

Le ***musée de plein air de Gamle Bergen*** (du « vieux Bergen ») est situé à Elsero, à 5 kilomètres au nord de la ville (*accès par autobus n° 1 ou 9, visite en été de 9 h 30 à 16 h 30*). Des demeures anciennes de la région y ont été remontées, formant une sorte de petit village.

Toujours en dehors de la ville mais au sud, à **Fanafjell**, des spectacles de folklore sont organisés en été (se renseigner à l'Office de tourisme).

JOHAN CHRISTIAN DAHL (1788-1857)

Peintre de tempérament romantique, Dahl est né à Bergen mais a été formé à Copenhague. Sensible à l'art antique, il souhaitait parfaire sa formation à Rome, mais son chemin le conduisit à Dresde où il s'installa. C'est là qu'il rencontra Caspar David Friedrich ; le peintre allemand l'influença énormément par son romantisme exacerbé et son goût pour les paysages grandioses.
Dahl est considéré comme le père de la peinture norvégienne ; ses études de ciel et de nuages, ses torrents et ses fjords et le réalisme avec lequel ces motifs sont exécutés sont devenus une référence pour toute une génération de peintres comme celle de l'école de Düsseldorf avec Tidemand (1814-1876) et Gude (1825-1903).

À voir également

La ***tour Rosenkrantz*** sur le quai, non loin du quartier de Bryggen (*Festningskaien, visite tous les jours de 10 h à 16 h*). Construite vers 1560, elle servait à la fois de résidence royale et de forteresse. Très endommagée par une explosion en 1944, elle fut restaurée entre 1945 et 1965 ; à l'intérieur, la chapelle de Magnus Lagaboten date de 1270.

Également dans l'enceinte de la forteresse de Bergenhus, ***Haakonhallen***, de style gothique (XIIIe s.) était utilisée pour les réceptions officielles.

Le ***musée de la lèpre*** dans l'un des bâtiments de l'hôpital Sankt-Jørgen (*Lepramuseet, Kong Oscarsgate 59, ouvert en été de 11 h à 15 h, cassettes disponibles en français*) relate l'histoire de la médecine à Bergen, dans un établissement où, au Moyen Âge, on recevait les lépreux ; les médecins norvégiens et notamment Hansen firent beaucoup dans la lutte contre cette maladie.

L'***Aquarium*** à **Nordnesbakken**, pointe sud-ouest de la ville (*visite en été tous les jours de 9 h à 20 h, horaires restreints le reste de l'année*), présente une importante collection de superbes poissons de mer et d'eau douce d'Europe du Nord et colonie de phoques.

Au sud de l'Aquarium, le quartier élevé de **Sydneshaugen** regroupe l'Université, les ***musées de la Marine, d'Histoire, et d'Histoire Naturelle***.

L'église ***Mariakirken***, dans le quartier de Dreggen, plus vieil édifice de Bergen, fut construite au XIIe siècle dans le style roman, et transformée au XIIIe siècle dans le style gothique ; la décoration intérieure relève de l'art baroque.

Dans les environs proches

À 8 kilomètres à l'est, près de **Hop**, la ***villa Troldhaugen*** (la « colline enchantée ») où vécut Edvard Grieg.

À 6 kilomètres au sud, ***Gamlehaugen***, la propriété royale de Fjøsanger, peut être visitée en dehors des séjours du roi, non loin de là, on peut voir aussi la *stavkirke* de Fantoft.

BERGEN PRATIQUE

Office de tourisme : *Vågsallmenningen 1*, tél. 55 55 20 00. www.visitbergen.com.

Aéroport international : à Flesland (19 km), liaisons par navettes. La Bergen Card permet de visiter les musées et de se déplacer en transports en commun gratuitement.

L'Express Côtier (Hurtigruten) : départ tous les soirs du quai Frieleneskaien Dokken pour la Norvège du Nord.

Le Sognfjord est l'un des plus longs et des plus majestueux fjords de Norvège. C'est aussi en l'empruntant le moyen de plonger dans la Norvège éternelle avec des paysages typiques.

LA RÉGION DES GRANDS FJORDS

LE HARDANGERFJORD

Voss

À 125 kilomètres au nord-est de Bergen par Dale (160 km par les routes 7 et 13), desservie par le train Bergen–Oslo, cette jolie ville (15 000 habitants), très agréable, est aussi une importante station de sports d'hiver de la région du Vestlandet. L'église date de 1270. Voss dispose également, à 1 kilomètre à l'ouest, dans un édifice en bois du XIIIe siècle, d'un ***musée d'Arts et de Traditions Populaires***: la salle la plus ancienne est une buanderie datant du Moyen Âge. Un funiculaire conduit à **Hangurstoppen** (660 m d'altitude), donnant sur un beau panorama.

La route qui conduit à **Vik** (70 km au nord), parcourt une région splendide, un plateau de haute montagne, aride et venté, ponctué de lacs et de petites fermes en bois très pittoresques. À Vik, l'église en bois debout de Hopperstad mérite le détour.

Hardanger et Eidfjord

L'itinéraire de la route n° 7 est l'un des plus beaux de la Norvège, il passe au pied du plateau de **Hardangervidda**, constitué en Parc national, dont les paysages désolés sont recouverts en hiver par une épaisse couche de neige et en été balayés par les vents. Ce territoire de lacs poissonneux aux reflets argentés, vaste de 7 500 km² environ, culmine à 1 691 m. Les pêcheurs y sont nombreux et les randonneurs aussi sur les multiples sentiers balisés; d'ailleurs, il n'est pas rare d'y croiser des troupeaux de rennes sauvages, mais aussi de moutons ou de chèvres.

Vers le nord, au-delà de la route 7, se profile la silhouette du **Hardangerjøkulen**, glacier qui culmine à 1 862 m. À son pied, la **cascade de Voringfossen**, chute d'une falaise de 182 m, un sentier mal tracé conduit au sommet de celle-ci, et l'on redoute, en arrivant, l'approche de son rebord; le vacarme de la chute d'eau est amplifié par l'écho dans la gorge profonde. En bas, le lit de la rivière apparaît minuscule et l'on a peine à distinguer quelques personnes, toutes petites. Les visiteurs arrivent par la route en lacets, aux nombreux tunnels, tracés pour atteindre le pied de la falaise. On laisse son véhicule au parc de stationnement et l'on continue à pied pendant une demi-heure pour atteindre le point de chute de la cascade, c'est splendide !

La route 7 dessert non loin de là la petite commune de **Eidfjord** (1 000 habitants, église du XIVe s.), à l'extrémité est du Hardangerfjord, dont l'Eidfjord est l'un des bras, où une splendide falaise domine le fjord, à 600 m en contrebas. On peut aller admirer le panorama spectaculaire au **Fjellgården Kjeåsen**, accessible à pied par un chemin de montagne, qui fut longtemps le seul itinéraire possible et qui est aujourd'hui doublé par une route franchissant de nombreux tunnels. À quelques kilomètres de là, on arrive à ***Simadalen*** (« vallée de la Sima ») où se trouvent les chutes de Rembsdal et de Skykkjedal, avec l'une des plus grandes centrales électriques d'Europe (*visite possible avec un guide*).

La route se poursuit au-delà de Voringfoss-Eidfjord, en direction d'Oslo par la route 7; à 70 kilomètres environ à l'est de Voringfoss, **Geilo** apparaît à la jonction des deux routes conduisant à la capitale,

Le Hardangerfjord possède deux branches qui plongent au cœur de deux massifs de hauts plateaux. Le remonter est l'occasion d'admirer des paysages magnifiques.

Région des grands fjords

là aussi s'arrêtent les trains de la ligne Oslo–Bergen. La petite ville est un centre de randonnées et de sports d'hiver très apprécié.

Au sud, la route 40 (vers Oslo) est celle des grandes *stavkirker*; on découvrira successivement celles d'Uvdal (à 60 km), de Nore, puis de Rollag. Vers l'est, la route 7 permet de voir la plus intéressante de toute la région, celle de Torpo (à 36 km de Geilo). Plus loin se trouvait celle de Gol, qui est désormais remontée sur le domaine de Bygdøy à Oslo.

Les langues du glacier du Briksdalsbreen sont facilement accessibles et sont très fréquentées autant par les touristes étrangers que norvégiens.

De Eidfjord, dans la direction opposée, c'est-à-dire celle de Haugesund, la route 13 longe, jusqu'à **Odda**, le Sørfjord, bordé de vergers. Au printemps, les pommiers, poiriers et pruniers en fleurs se mirent dans les eaux bleues du fjord, avec à l'arrière-plan, des sommets enneigés, créant ainsi un spectacle saisissant.

Office de tourisme de Voss : *Uttrågata 9*, tél. 56 52 08 00.

Office du tourisme de Eidfjord : *Ostangenvelen 1* : tél. 53 67 34 00. www.eidfjordinfo.com

Office de tourisme de Geilo : à la gare, tél. 32 09 13 00.

LE SOGNEFJORD

Le train de Myrdal à Flåm

Sur la ligne ferroviaire Bergen–Oslo, il faut descendre à la station de Myrdal, à 40 kilomètres environ à l'est de Voss (si l'on vient d'Oslo, Myrdal est à quelque 300 km de la capitale). On arrive là dans un décor splendide de montagnes, de lacs, de cascades, de neiges éternelles, avec tout en bas un fjord haut en couleurs que photographes et cinéastes amateurs mitraillent.

Prendre un billet pour descendre à Flåm, tout en bas, au fond du **fjord d'Aurland** ; le trajet (une vingtaine de kilomètres) dure 45 mn d'émerveillement dans une nature à la fois somptueuse et grandiose.

Ce parcours est l'un des grands classiques du voyage en Norvège et l'on pourrait s'attendre à y être assailli par les marchands de souvenirs et de pacotille. Il n'en est absolument rien, d'ailleurs les touristes ne sont pas en surnombre à Myrdal ; même, il n'y a rien, si ce n'est cette petite gare perdue en pleine nature. À Flåm, on trouvera cependant un magasin où l'on vend des cartes postales,

La cascade de Voringfossen tombe de 180 mètres de haut; c'est un des sites les plus spectaculaires de Norvège, mais son accès à pied nécessite certaines précautions.

quelques objets d'artisanat et de superbes chandails en laine de mouton de montagne. **Myrdal** est à 867 mètres au-dessus de Flåm, il peut y faire très frais. S'il ne fait pas un temps superbe et que l'on n'est pas très courageux, on prendra le train pour l'aller et pour le retour. Si l'on est audacieux et sportif, on descendra par la route sur 18 kilomètres (environ 6 heures) et l'on prendra le train pour remonter. Attention aux horaires si l'on décide de remonter à Myrdal le jour même. Les 18 kilomètres à pied ne posent pas beaucoup de problèmes car le fléchage est bien indiqué et la route descend presque toujours; mais l'on est souvent tenté de s'arrêter pour admirer cascades, torrents, chalets tapis au fond des vallons ou agrippés à la montagne, sentiers dans les bois, rocs à pics hauts de plus de 1 000 mètres. Penser à se munir d'un vêtement de pluie car les tunnels à emprunter dégoulinent; on peut avoir la chance, en été, de voir remonter saumons et truites tout en savourant sur le parcours les fruits sauvages de la campagne.

Tout en bas, **Flåm**, au bord du fjord d'Aurland (ramification du **Sognefjord**, le «fjord de rêve» le plus majestueux et le plus long de Norvège: 180 km), est une toute petite ville bien agréable. Encadrée de toutes parts par la montagne, elle invite à une étape de plusieurs jours: pêche dans le fjord (gratuite comme sur les rives de tous les fjords), excursions, randonnées. La gare ne manque pas de pittoresque, elle est un lieu de rencontre pour tous les grands randonneurs qui viennent y entreposer leurs sacs à dos; on se promène le long du fjord, de préférence le matin quand le jour se lève, ou en soirée quand le soleil va se coucher et que la lumière est la plus belle. Il est possible de passer une nuit à Flåm.

Le retour à Myrdal par le train permet de découvrir la vallée d'en haut, car la voie surplombe des panoramas superbes. Le train s'arrête de temps en temps ou ralentit pour permettre à chacun de jouir du décor; on peut même parfois descendre, par exemple, pour aller voir de près la **cascade de Kjosfossen**, qui bondit depuis un lac dans un vacarme assourdissant. On voit aussi la route qui dévale le **Myrdalsberget** en 21 lacets serrés; elle fut ouverte en 1895-1896 pour apporter le matériel nécessaire à la construction de la voie Bergen–Oslo. Si on souhaite passer quelques jours à Flåm, on pourra se rendre jusqu'à **Aurland**, petite ville pittoresque, ou prendre le bateau qui vous conduira à **Gudvangen** sur l'Aurlandsfjord et sur le Naerøyfjord (deux heures de traversée, plusieurs départs par jour) ; les falaises forment un véritable rideau au pied duquel miroite l'eau profonde d'un magnifique vert émeraude. Elles donnent constamment l'impression de se refermer sur un bateau qui ne laisse derrière son passage qu'un long sillon régulier, tout cela dans les cris des mouettes qui saluent le passage du bateau.

Toujours au départ de Flåm, on peut aussi, par une route de montagne qui emprunte un très long tunnel (5 km), atteindre le joli petit village de pêcheurs d'**Undredal**, réputé pour son fromage de chèvre et pour sa toute petite église, qui ne compte que 40 places. La vue sur le fjord est splendide, même s'il ne fait pas très beau.

La route 50 qui conduit d'Aurland à **Hol** (137 km) grimpe en de multiples lacets et emprunte de nombreux tunnels, elle permet d'embrasser du regard un paysage somptueux depuis le haut de la montagne (1 800 m) et une vue grandiose sur la vallée d'Aurland, site d'une grande pureté, aux teintes et à la luminosité exceptionnelles. Les montagnes se reflètent dans le fjord ou dans les lacs, et l'on ne sait plus très bien, quelquefois, si le paysage est au-dessus de l'eau ou dans le miroir de sa nappe immobile. Il ne faut pas manquer à Hol, l'église et le musée régional.

Certains paysages du Sognefjord résonnent encore des légendes mythiques des sagas vikings.

Office de tourisme de Balestrand: *sur le quai*, tél. 57 69 16 17.

Office de tourisme de Florø: *Strandgate 30*, tél. 57 74 75 05.

Renseignements sur les fjords: www.fjordnorway.com

D'Aurland, on peut aussi se rendre à **Laerdal** (par le tunnel ou par une très belle route de montagne), et à **Borgund** (route E16) pour admirer l'église en bois debout la plus visitée de Norvège: **Borgund Stavkirke.**

Balestrand se situe à 80 kilomètres au nord de Voss; on y accède par ferry depuis Hella ou par Vangsnes. Balestrand est une station touristique réputée, établie sur la rive nord du majestueux Sognefjord, à la jonction avec le Fjaerlandsjord, dans un environnement de montagnes aux cimes lointaines, couvertes de neige. On profitera de cette étape pour admirer quelques très jolies résidences, une fort belle petite église en bois et effectuer de longues promenades en bateau.

Par Sogndal (*à l'est, prendre un ferry puis 40 km de route*), on pourra se rendre en excursion à **Kaupanger** sur la rive du fjord qui conserve une *stavkirke* du XIIe siècle et qui dispose du ***musée d'Arts et de Traditions Populaires*** du Sogn. Au-delà de Sogndal, par Solvorn, on prendra le bateau pour se rendre à **Urnes**, sur la rive opposée. La *stavkirke* est la plus ancienne de Norvège, la plus solitaire aussi, à l'extrémité de son cap, mais surtout la plus richement décorée. On la cite d'ailleurs comme l'un des chefs-d'œuvre de l'art mondial.

Florø

À 150 kilomètres au nord-ouest de Balestrand, sur la route RV 5, cette ville côtière de 9 300 habitants, dispose aujourd'hui d'un port pétrolier. L'***Express Côtier*** fait escale dans ce site grandiose. La côte est superbe, très découpée, et cela vaut le coup d'arriver par bateau. Dans son environnement de petites îles et de pitons rocheux, elle jouit d'un climat doux, ce qui explique la beauté de sa végétation. La côte accidentée est dominée par une colline d'où l'on peut admirer un paysage remarquable, sauvage, authentique. En venant par la route, s'offrir une promenade en bateau dans l'archipel; elle conduit à l'**île de Kinn** (*une heure de traversée*) ou à l'**île de Svanøy** surnommée «la perle du Sunnfjord». Une autre excursion, cette fois par la route, fera découvrir les superbes gravures rupestres d'Ausevik, exécutées entre l'âge de pierre et l'âge de bronze (au sud-est).

De Florø, par l'***Express Côtier***, on peut se rendre au nord, à Måløy.

LE NORDFJORD

Måløy, à 230 kilomètres au nord-ouest de Balestrand par Nordfjordeid, est un excellent but d'excursion, avec ses hautes falaises en bord de mer au pied desquelles viennent mourir les fjords. Sur l'**île Vågsøy**, Måløy (2 700 habitants), dans le vent et le climat du large, vit essentiellement de la pêche : exportation de poissons frais, traitement et transformation des produits de la mer (transportés ensuite jusqu'à Bergen). Une visite s'impose à **Krakenes**, petite presqu'île située à 22 kilomètres, où, depuis le phare, le spectacle est impressionnant. Vers le sud, et, accessible par bateau, le site d'***Hornelen*** présente le plus grand champ de gravures rupestres de toute la Scandinavie : plus de 2000 représentations d'animaux, principalement des rennes.

Stryn

On peut parvenir dans la région de Stryn, dans le Nordfjord, avec à l'est le fameux glacier **Jostedalsbreen**, le plus grand d'Europe continentale, en empruntant depuis Balestrand (à 200 km au sud) successivement la route 5, jusqu'à Moskog, puis la route 14 jusqu'à Byrkjelo et enfin la route 60. On peut aussi s'y rendre depuis Geiranger (au nord, voir plus loin) en empruntant la route 15. Dans les deux cas, le parcours est émaillé de paysages superbes, de montagnes, de lacs, de forêts et de torrents.

La petite commune de Stryn ne compte que 2000 habitants environ mais le district qu'elle gère dépasse 6500 personnes. Plusieurs activités animent la région : travail du bois, des matières plastiques, élevage d'animaux pour la fourrure, horticulture et un tourisme bien développé avec quelques très bons hôtels.

À 11 kilomètres de Stryn, la petite cité de **Loen** au fond du fjord est également un centre touristique. Un sentier prolonge la route jusqu'au **Kjenndalsbreen**, ramification du Jostedalsbreen, duquel l'on a une vue superbe.

Plus loin, à l'extrémité de l'Innviksfjord, on atteint ensuite **Olden** (à 6 km) dans un magnifique paysage de montagne. À 23 kilomètres de là, par une petite route en lacets, on parvient à **Briksdal**, d'où l'on peut, à pied ou en calèche, effectuer une excursion jusqu'au pied de l'impressionnant glacier **Briksdalsbreen**. Il faut

Le Jostedalsbreen est le plus grand glacier d'Europe continentale ; en s'y rendant, on parcourra de superbes paysages de lacs et montagnes.

Office de tourisme de Måløy:
Måløy Sentrum, tél. 57855077
Office de tourisme de Stryn:
Stryn Noeringshage-Tinggata 3:
tél. 57874610. www.nordfjord.no

laisser le véhicule au parc de stationnement d'où le point de vue est déjà imposant avec des cascades tombant de hauteurs fantastiques et la montagne aux sommets de glace. Le sentier aménagé est étroit mais les piétons et les calèches peuvent s'y croiser. On aperçoit bientôt une superbe cascade grondante et, en franchissant le pont, on est littéralement aspergé d'eau (vêtement de pluie à prévoir). Si le soleil brille, des arcs-en-ciel danseront au-dessus des gerbes d'écume. L'approche du glacier est assez rapide; au pied de celui-ci flottent sur un lac tranquille de petits icebergs. Des promenades à pied sur le glacier sont organisées localement. Il est interdit de quitter le tracé du sentier car un débit plus important de la cascade peut détourner le torrent de son parcours habituel.

LE STORFJORD

Ålesund

Tout au nord de la région des fjords, le premier port de pêche de Norvège (36000 habitants) desservi par la route 69, à 125 kilomètres de Åndalsnes et à 590 kilomètres d'Oslo, occupe trois îles reliées entre elles et au reste du pays par des ponts. Toute l'activité de la ville, dans les cris stridents des mouettes, gravite autour de la pêche et des industries qui en dérivent. D'énormes bateaux-usines appareillent d'Ålesund et y reviennent avec un chargement conditionné prêt à l'exportation. Une grande partie de la population vit de cette activité et de son commerce. Quelques usines de conserverie et de fumerie de poisson peuvent être visitées à certaines périodes de l'année.

Sur l'**île Valderøy**, reliée à Ålesund par un tunnel sous la mer et où se trouve l'aéroport de Vigra, des fouilles ont permis de découvrir dans la grotte de Skonghelleren des objets datant de l'âge de pierre. La région est donc occupée de longue date. À l'emplacement de l'actuel ***musée de Borgund Kaupangen***, une ville existait au Moyen Âge; c'était un marché très actif, le musée a donc trait à la civilisation médiévale.

Un peu d'histoire

Ålesund fut ravagée en 1904 par un gigantesque incendie qui la détruisit presque entièrement. Grâce à la générosité de Guillaume II, empereur d'Allemagne, très attaché à la Norvège, elle put être reconstruite en un temps record dans le style pittoresque de l'époque ce qui lui donne son cachet particulier (Art Nouveau, nombreux bâtiments de ce style bien conservés). Par l'ironie du sort, ce furent les Allemands qui la dévastèrent en partie en 1940, en la bombardant pour empêcher le débarquement des Anglais; c'est donc en partie une reconstruction d'après-guerre que l'on découvre aujourd'hui.

En arrivant, on peut monter au sommet du **mont Aksla** (la « montagne aux oiseaux ») pour la vue dominante que l'on y découvre sur la ville, les îles et l'océan dans une luminosité qui colore tout d'une teinte argentée, légèrement nuancée de rosé presque irréelle. Au coucher du soleil, le ciel est envahi de mille couleurs et se reflète dans la mer ; un voile phosphorescent semble recouvrir la ville.

On pourra aussi visiter à Ålesund, le ***parc de l'Atlantique*** (*à Tuaneset, ouvert de 10 h à 18 h en été*) : poissons, faune et coraux des mers du Nord, l'un des plus grands aquariums d'Europe.

Le ***musée d'Ålesund*** (*Ålesund Museum, Rasmus Rønnebergsgate 16, ouvert de 11 h à 16 h en été, jusqu'à 15 h les samedi et dimanche*) : pêche, chasse, construction navale.

Le ***Centre de l'Art nouveau*** (*Jugendstilsenteret, Apotekergata 16, ouvert tous les jours de 10 h à 17 h, fermé le lundi hors-saison*) présente une importante collection d'objets Art nouveau, unique en Norvège.

Le ***musée de Sunnmøre***, musée de plein air, situé à Borgundgavlen (*horaires restreints, se renseigner au 70 15 40 24*), une quarantaine de maisons anciennes évoquant la vie traditionnelle dans la région de Sunnmøre, importante collection de bateaux de pêche et reproduction fidèle du navire viking le Kvalsund de 18 m de long.

Autour de la ville, des excursions sont également possible à Runde (ci-après) et à Geiranger (voir plus loin), s'adresser à l'Office de tourisme ; on peut également effectuer le circuit des îles, en utilisant le système de tunnels sous les fjords (à péage), le plus développé d'Europe.

La ville d'Ålesund est construite sur trois îles reliées entre elles par de multiples ponts.

Je regarde le ciel vaste
Je regarde les nuages gris-bleu,
Je regarde le soleil sanglant.

Cela est alors le monde.
Cela est alors le foyer des mondes.

Jeg Ser, Sigbjørn Obstfelder (1866-1900).

L'île de Runde

Site classé et domaine protégé, elle constitue une formidable réserve d'oiseaux de mer. On y accède depuis Ålesund en prenant à Dragsund, la route 654 qui traverse, par des ponts, un site très pittoresque; après Stokksund prendre la direction de l'île Remøy. La route pour Runde relie au continent une petite île où ne vivent que 200 personnes essentiellement de la pêche. Pour atteindre les observatoires de la « montagne aux oiseaux », un bon entraînement sportif s'impose; à la jumelle, on pourra reconnaître des macareux, des guillemots, des cormorans, des fous de Bassan, au total 200 espèces dont les colonies ne comptent pas moins de 170 000 couples. Bien sûr, il est interdit d'entrer ou de débarquer pendant les périodes de ponte et de déranger les oiseaux. Il est possible de s'approcher de l'île en bateau toute l'année en utilisant un service de navette, se renseigner auprès des hôteliers et gestionnaires de terrains de camping.

Andalsnes

À 125 kilomètres à l'est d'Ålesund, au débouché de la Rauma, dans le Romsdalsfjord, cette ville de 3000 habitants, terminus de la voie ferrée venant d'Oslo, gravement endommagée par les bombardements allemands après le débarquement des Anglais en 1940, s'étage aujourd'hui face à un horizon de plates-formes pétrolières. Si l'on y fait étape, deux excursions intéressantes peuvent être prévues: la première conduira, à 30 kilomètres au nord-ouest à la *stavkirke* de Rødven, la seconde vous fera emprunter, vers le sud, une route réglementée (ouverte seulement de juin à septembre) conduisant à Valldal puis à Geiranger qui traverse la région extrêmement sauvage du Trollstigvein, après être passé devant la **chute de Stigfoss** (180 m), l'on atteint à 20 kilomètres la terrasse panoramique de Stigrøra. Au nord-est d'Andalsnes, au fond d'une vallée encaissée, on peut découvrir la **cascade de Mardalsfossen**, la plus haute d'Europe (300 m).

Geirangerfjord

Depuis Ålesund, on peut atteindre le grand centre de séjour et d'excursions de Geiranger, l'un des plus réputés de Norvège, en empruntant l'***Express Côtier*** (Hurtigruten) entre avril et septembre, ou par la route et le ferry Linge-Eidsdal (15 minutes). Cette route fort étroite qui dessert l'une des régions les plus belles du pays n'est ouverte à la circulation que de mai à octobre.

En arrivant au lieu-dit **Geiranger**, ville-étape de l'Express Côtier et des passagers des bateaux de croisière, il faut bifurquer vers **Dalsnibba**, une petite route étroite à péage. Elle atteint le sommet de la montagne, à 1 494 m d'altitude, en dix lacets impressionnants; on découvre alors, tout en bas, un paysage splendide.

Au fond du fjord apparaît le petit village de **Hellesylt** que dominent des falaises verticales dressées au-dessus d'un plan d'eau dont la profondeur atteint, en certains endroits, 1 000 m et dont la couleur vert émeraude est superbe. En se promenant sur les rives de ce fjord,

Office de tourisme d'Ålesund: dans l'Hôtel de Ville, tél. 70 15 76 01. www.visitalesund.com
Aéroport de Vigra sur l'île Valderøy.
Office de tourisme de Geiranger: à l'embarcadère, du 15 juin au 15 août, tél. 70 26 30 99. www.geiranger.no
Office de tourisme de Molde: dans l'Hôtel de Ville, tél. 71 20 10 00. www.visitmolde.com.
Office de tourisme de Kristiansund: *Kongans Plass*, tél. 71 58 54 54. www.visitkristiansund.com

on découvrira une cascade impressionnante ; il est aussi conseillé de prendre le bateau pour aller voir celles qui portent le nom de « Voile de la mariée » et des « Sept Sœurs », célèbres de par le monde.

La tentation de prendre le ferry pour Hellesylt sera justifiée. Si l'on reprend la route 63, ensuite la 15 vers Oslo, il faudra s'arrêter, à 100 kilomètres à **Lom** pour sa superbe *stavkirke*. À **Vågåmo**, 30 kilomètres plus loin, s'arrêter pour voir au moins l'église, ancienne *stavkirke* du XIIe siècle, et le ***musée régional de l'Habitat***. Otta, au-delà, est évoquée plus loin (voir Lillehammer).

Molde

À 65 kilomètres au nord d'Andalsnes, ce grand port de 20 000 habitants surnommé « la ville des roses » a été gravement endommagé en 1940 ; aujourd'hui centre industriel, escale de l'***Express Côtier***, la ville est réputée pour son festival de jazz (début août), pour son musée folklorique du Romsdal (*visite en été de 10 h à 18 h, le dimanche de 12 h à 15 h*) et pour son ***musée de la Pêche***, situé à Hjertøya, présentant dans un village restauré la vie des pêcheurs depuis le XIXe siècle.

Aux environs proches, sont également à découvrir les gravures rupestres de Storvika.

La Route de l'Atlantique

Entre Molde et Krstiansund, on peut emprunter la spectaculaire « Route de l'Atlantique » (route 64), qui longe l'océan sur une cinquantaine de kilomètres, en prenant appui sur une multitude d'îlots et écueils.

Kristiansund

Sur un site occupé depuis 8 000 ans, Christian IV de Danemark fonda, en 1742, cette ville, établie aujourd'hui sur trois îles, reliées par des ponts et qui ne compte pas moins de 20 000 habitants. Entièrement détruite, comme les autres cités de la région, par les bombardements allemands en 1940, elle a été reconstruite depuis la fin de la guerre et vit essentiellement de la pêche en mer.

On visitera l'***église moderne*** (1964), l'une des plus intéressantes de la Norvège contemporaine, et l'on se rendra au musée où est évoquée l'histoire de la pêche à la morue.

Des excursions dans l'archipel s'imposent, notamment sur l'île Averøy, où est conservée la ***stavkirke de Kvernes*** (XVe s.).

L'ØSTLANDET : LE CŒUR DE LA NORVÈGE

Cette région norvégienne dite de l'est (*øst*) correspond en réalité à la Norvège centrale. Elle recouvre les trois departements du Hedmark, de l'Oppland et du Buskerud dont le secteur méridional a été évoqué dans les environs d'Oslo. C'est un paradis pour les amoureux de la nature, avec ses lacs scintillants, ses rivières au débit étourdissant, ses torrents qui sifflent en dévalant de la montagne, ses glaciers, ses plateaux désertiques où souffle un vent violent dans un décor de cimes aux neiges éternelles. À la limite de la région des fjords de l'Ouest se dresse le sommet du pays, le **Galdhopiggen** (2 469 m d'altitude). Ses forêts sont un lieu privilégié pour la pratique de tous les sports de nature et de la randonnée, à pied, à cheval, en bicyclette, en canoë et même en voiture.

Le centre de la Norvège est une des régions les plus froides du pays, avec des paysages préservés et des traditions toujours vivantes.

Lillehammer

À l'extrémité nord du **lac Mjøsa**, le plus grand lac de Norvège (100 km du nord au sud et jusqu'à 15 km d'est en ouest), la ville compte un peu plus de 23 000 habitants et vit surtout de ses industries secondaires, de ses équipements militaires (modestes), de ses nombreux ateliers d'artisans (*ouverts toute l'année*) et du passage des touristes, entre mai et septembre. À la périphérie, les petites communes de Nordsetter (proche du Nevelfjell, 1 100 m), de Masnalien et de Sjusjøen, centres de sports d'hiver, font de Lillehammer une station animée toute l'année et réputée pour le patinage sur glace. La cité est aussi le point de départ de la célèbre course à skis de Birkeheiner (56 km), qui s'y déroule début mars. Sigrid Undset, romancière, Prix nobel de littérature, est enterrée au petit village de Mesnalien. C'est à Lillehammer que se sont déroulés, en 1994, les jeux Olympiques d'hiver et la ville s'est équipée en conséquence. Des services de bateaux fonctionnent avec Gjøvik et Hamar (ci-après).

Quand on aura découvert les parcs, le long du lac Mjøsa, une visite s'impose au ***musée de plein air Maihaugen*** (la « colline de mai »), l'un des plus remarquables, avec celui de Bygdøy, à Oslo (*Maihaugen og Sandvigske Samlinger, visite du 15 mai au 15 septembre, tous les jours de 9 h à 18 h*). Parmi les cent vingt constructions anciennes de la vallée de Gudbrandsdal qui y composent un superbe ensemble, on remarque évidemment la petite stavkirke de Garmø, qui date du XIe siècle. Est à voir aussi, sur Messenliveien, la pittoresque ferme Bjørnstad. Le ***musée des Beaux-Arts*** (*Lillehammer Bys Maleri Samlinger, Stortorget 2, ouvert tous les jours de 11 h à 17 h, hors saison fermé le lundi*) expose des œuvres d'artistes du National Romantisme norvégien.

Hamar

Sur la E 6 vers Oslo, à 67 kilomètres de Lillehammer, cette ville de 22 500 habitants, située dans une région riche en vestiges préhistoriques, est le chef-lieu du Hedmark. Elle est dotée d'un évêché depuis le XIIe siècle.

On y visitera le ***musée de plein air*** (*Hedmarksmuseet og Domkirkeodden, Strandveien 100*) au bord du lac Mjøsa avec des expositions-ventes d'artisanat ; la ***cathédrale*** du XIXe siècle où a été consacrée en 1994 la première femme évêque de Norvège ; le ***musée médiéval*** (dans

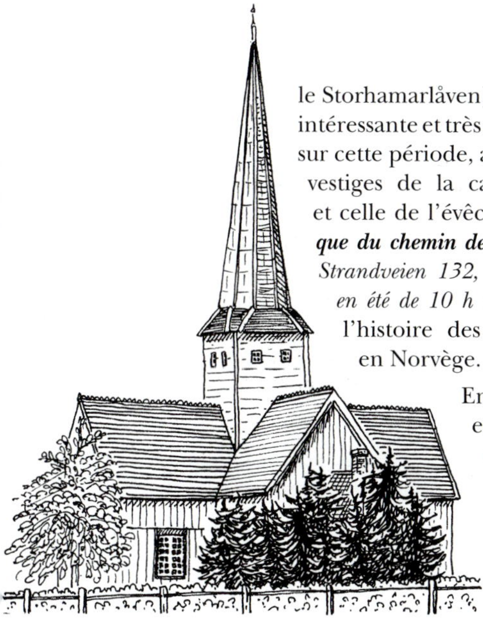

L'église d'Otta, tout en bois, est amoureusement conservée, c'est une des plus belles de Norvège.

le Storhamarlåven) qui, en plus d'une intéressante et très complète collection sur cette période, abrite également les vestiges de la cathédrale d'origine et celle de l'évêché ; le ***musée historique du chemin de fer*** (*Jernbanemuseet, Strandveien 132, ouvert tous les jours en été de 10 h à 16 h*) qui retrace l'histoire des lignes ferroviaires en Norvège.

Entre Lillehammer et Hamar, il faut effectuer un arrêt à **Ringsaker**, pour les œuvres d'art et le retable qu'abrite la célèbre ***basilique Saint-Olav*** (XIIe-XIIIe siècles) à proximité du ***château de Stein*** (XIIIe siècles). Non loin, des gravures rupestres préhistoriques représentant des animaux sont à voir.

En direction des fjords de l'Ouest, à 140 kilomètres par Gjøvik, on arrive à **Fagernes**, dans la région du Valdres, qui est un important centre touristique ; la ville dispose d'un intéressant ***Folkemuseum*** qui rassemble chalets et fermes du XIIIe au début du XXe siècle.

Sur la route E 16, d'Oslo au Sognefjord, nombreuses sont les *stavkirker* en direction d'Oslo, celles de **Reinli** et de **Hedal** (à 56 km), vers le Sognefjord, celles de **Hurum** et de **Borgund** (à 110 km), toute noire, la plus célèbre de Norvège.

Au départ de Lillehammer vers Trondheim ou Ålesund par la E 6, des arrêts s'imposent à **Ringebu** (60 km) pour sa *stavkirke* du XIIIe siècle, à **Vinstra** (85 km) pour les fêtes « de Peer Gynt » qui s'y déroulent au début d'août ; à **Otta** (115 km), grand centre touristique du Gudbrandsdal, important carrefour routier et étape ferroviaire.

Office de tourisme de Lillehammer :
Jernbanetorget 2, tél. 61 28 98 00.
www.lillehammerturist.no. Liaison par train avec Oslo et Trondheim.

Office de tourisme d'Hamar :
Åkersvikvegen 1, tél. 62 51 75 03.
www.hamarregionen.no

Office de tourisme de Fagernes :
Skysstasjone, tél. 61 35 94 10.
www.visitvaldres.com

Office de tourisme de Otta :
Vinstra Skysstasjon, tél. 61 23 66 70. www.gudbrandsdalen.no

Le Parc national du Jotunheimen

Ouvert depuis 1980, le Parc national du Jotunheimen s'étend sur 1 145 km², et comprend les 27 plus hauts sommets de Norvège (le Gadhøpiggen culmine à 2 469 mètres). De nombreux sentiers balisés sillonnent ces montagnes majestueuses et sauvages de l'Oppland et relient la trentaine de chalets de montagnes et refuges qui permettent de découvrir les lacs turquoise, les glaciers et cimes enneigées. Ces paysages ont d'ailleurs inspiré Henrik Ibsen pour son personnage Peer Gynt.

- **Accès:** La R15 puis 55 depuis Otta longe la partie nord du parc. Des navettes s'y rendent chaque jour depuis Lom. Depuis Oslo, 4 navettes par jour sont prévues. Renseignements : www.visitjotunheimen.com

Au-delà de Otta vers le nord-ouest, se reporter au chapitre de la région des grands fjords (Dombås, Andalsnes, Geiranger).

Le Parc national du Jotunheimen est parfaitement équipé pour la randonnée. Sa faune et sa flore sont exceptionnelles.

*L*E TRØNDELAG : LA RÉGION HISTORIQUE

Cette région, qui s'étale sur 41 000 kilomètres, comprend deux départements : le Sør (sud) et le Nord Trøndelag, situés de part et d'autre du fjord de Trondheim ; elle jouit d'un climat relativement tempéré, on y cultive même du blé et d'excellentes fraises.

Le fjord, par son développement (126 km), est le troisième de Norvège ; il dessert la ville de Trondheim. Ancienne capitale, elle dispose d'un important patrimoine historique et culturel, au sein d'un territoire montagneux où la vie est rude.

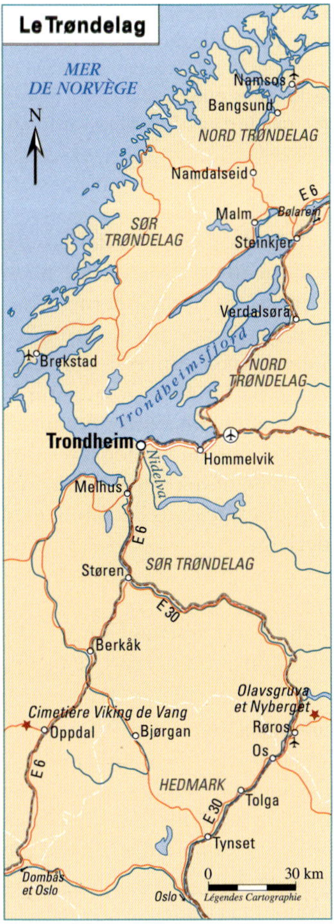

Trondheim

Avec 150 000 habitants, elle est la troisième ville du pays tant par le chiffre que par son étendue. Trondheim compte d'immenses espaces verts. Elle s'est développée de part et d'autre de l'estuaire de la Nidelva, partie méridionale du fjord de Trondheim, dans un site privilégié. Les constructions modernes y font bon ménage avec les demeures traditionnelles.

Cité universitaire et intellectuelle, elle gravite autour de sa cathédrale, baptisée de l'ancien nom de la ville, Nidaros. Capitale de la Norvège de 1660 à 1814, elle est aujourd'hui le siège de la région administrative, maritime et militaire du Trøndelag. Ville jeune, dotée d'instituts et de centres de recherche (scientifiques et technologiques), elle vit principalement de l'activité de son port, desservi par l'***Express Côtier***, qui y a donné naissance à de nombreuses industries.

Un peu d'histoire

Vers 997, le prince viking Olav Tryggvason, petit fils de Harald Hårfager, revint en Norvège revendiquer son trône ; il avait un passé de pillard, de combattant violent, mais s'était néanmoins converti au christianisme. Avant de mourir, en l'an 1000, il fit donc construire en Norvège l'église de Nidaros, avant d'y établir la résidence du roi. Après sa mort, une guerre très violente éclata entre chrétiens et païens.

Olav Haraldsson, ancien chef viking, descendant de Harald Harfåger, prit les rennes du pouvoir sous le nom de Olav II (on le baptisera plus tard saint Olav). Il gouverna son pays avec une poigne de fer, imposa un régime féodal et, s'étant lui même fait chrétien, accorda des pouvoirs étendus à l'Eglise. On connaît l'histoire d'Olav II (voir encadré p. 22) : lorsqu'il s'éteignit, en 1030, l'église de Nidaros, qu'administrait un évêque, devint un lieu de pèlerinage chrétien et acquit une renommée dans toute l'Europe. Dans le même temps, la ville, devenue grand centre commercial et d'échanges, prit une importance considérable.

Au XVIe siècle, elle est débaptisée et devient Trondheim ; avec l'introduction de la Réforme, elle connaît aussi un certain déclin. Ravagée par un incendie gigantesque en 1681, elle aura beaucoup de mal à se remettre et cela bien qu'elle ait été désignée, vingt ans plus tôt comme capitale du pays. Ce n'est qu'au début du XIXe siècle, alors que ce rôle lui est retiré, que le commerce redevient florissant ; aujourd'hui, Trondheim est une ville dynamique, en plein essor économique.

Les activités de Trondheim

Cité maritime dans la partie centrale du pays, lieu de passage obligé entre le Nord et le Sud, Trondheim est d'abord une place commerciale et industrielle, dotée d'usines ultramodernes pour le traitement des produits de la mer, en grande partie destinés à l'exportation. Elle anime aussi d'importants chantiers de construction navale, qui font vivre une bonne partie de la population et emploient un personnel hautement qualifié. En 1981, y fut ouvert le laboratoire maritime le plus perfectionné du monde, avec une section scientifique particulièrement bien développée. Enfin, l'industrie lourde joue également un grand rôle dans l'économie de la ville : métallurgie, aciéries, fonderies.

Visite de la ville

Tout le centre, autour de la cathédrale, est aménagé en secteur piétonnier. On s'y promène donc à l'aise et on se rend, le matin, au marché quotidien.

Avec son haut transept nord, ***Nidarosdomkirken***, la cathédrale de Nidaros, se voit de loin ; c'est en l'an 1 000 avant de mourir, qu'Olav Tryggvason fit élever sur l'emplacement de l'édifice actuel, une église en bois, premier monument catholique de Nidaros, consacré à saint Clément. En 1030, Olav Haraldsson est tué à la bataille de Stiklestad, sa dépouille y fut conduite. Une source miraculeuse aurait jailli à l'emplacement de la tombe et la rumeur s'en répandit

si vite et si loin que l'évêque Grimkjell proclama le roi « saint et martyr », on le considéra dès lors comme « roi de Norvège pour toute l'éternité ». L'eau de la source aurait, paraît-il, permis la réalisation de miracles. Le neveu de « saint Olav », Olav Kyrre, fit alors édifier une nouvelle église en pierre sur l'emplacement, après sa mort (1093), les travaux se poursuivent. L'Église s'intéressa particulièrement à Nidaros (le monument et la ville portent le même nom), notamment Adrien IV, l'unique pape anglais, et l'édifice s'agrandit et s'enrichit. Son architecture gothique est en partie l'œuvre de l'archevêque Erlandson, grand admirateur des cathédrales françaises et anglaises ; le style de Nidaros, on l'observera, n'est d'ailleurs pas sans rappeler celui de Canterbury. Mais plusieurs incendies devaient ravager la cathédrale des Norvégiens, d'où les incessants travaux de reconstruction et de restauration ; en outre, en 1564, elle fut pillée par les Danois.

Au XIXe siècle, fut engagée la plus grande campagne de restauration ; pour les raisons que l'on imagine (manque chronique de crédits principalement), elle se poursuit toujours sous nos yeux. Les superbes vitraux, qui ont remplacé ceux de l'époque gothique, sont l'œuvre d'un grand maître verrier contemporain, Gabriel Kielland ; les premières œuvres ont été exécutées à Paris, mais à partir de 1913, Kielland ouvrit un atelier à proximité de

La cathédrale de Nidaros, plusieurs fois reconstruite, s'inspire pour son architecture des grandes cathédrales françaises et anglaises.

Nidaros, le dernier vitrail fut posé en 1934. Est aussi à admirer la façade ouest, ses portails, ses statues dont l'art s'inspire des grandes cathédrales occidentales, notamment de celle de Notre Dame de Paris. À l'intérieur, l'orgue (1929) aux 9 000 tuyaux et aux 118 jeux, est l'un des plus spectaculaires d'Europe. (*Visite guidée en français l'été toutes les 30 mn de 10 h à 17 h. Renseignements : www.nidarosdomen.no*).

Il faut voir aussi à Nidaros–Trondheim

- le ***musée des Beaux-Arts*** (*Trondheim Kunstmuseum, Bispegate 7, près de la cathédrale ; ouvert tous les jours en été de 10 h à 16 h, jusqu'à 18 h le jeudi ; le reste de l'année du mardi au dimanche de 12 h à 16 h*), relevant de l'Association artistique de Trondheim, présente de nombreuses œuvres d'art norvégien et en particulier des peintures de Johan Christian Dahl. Une galerie abrite la collection de lithographies, de dessins et de bois gravés dont une partie de la main d'Edvard Munch. On peut également y admirer de très belles lithographies et gravures de Matisse, de Picasso, de Bonnard, de Fernand Léger, de Vasarely et d'autres encore.

- le ***musée des Arts Décoratifs*** (*Nordenfjeldske Kunstindustrimuseum, Munkegate 5, ouvert tous les jours de 10 h à 17 h, hors saison fermé le lundi*) expose des créations d'architectures et de pièces de mobilier norvégiens. La collection d'Art Nouveau mérite le détour.

- le ***Stiftsgården*** (*Munkegate 23*) est la résidence du roi de Norvège lorsqu'il séjourne au Trøndelag. Composé de plusieurs bâtiments en bois, il illustre bien la grande période de l'architecture en bois qui dura de 1660 à 1770 environ et dont il ne reste plus aujourd'hui que quelques constructions.

- le ***musée de la Société Royale des Sciences*** est le grand musée de Trondheim (*Vitenskapmuseet Erling Skakkesgate, 47 ; ouvert en été, du lundi au vendredi de 10 h à 17 h, samedi et dimanche de 11 h à 17 h ; horaires restreints le reste de l'année*) : art religieux (retables, statues, objets de culte, etc.), histoire naturelle (essentiellement la faune de l'Europe du Nord), histoire régionale (objets provenant de fouilles locales, costumes, portraits, céramiques, etc.), minéralogie (régionale et du monde entier), époque des Vikings (exposition des objets découverts dans les bateaux et dans les monuments funéraires).

- le ***musée de l'Histoire de la Musique***, musée de Ringve (*à 4 km par la route 16, Ringvegård, Lade Allé 60 ; visite obligatoirement guidée tous les jours, possibilité de la faire en français*) passionnera même les non amateurs de musique ; il propose une collection prodigieuse d'instruments de tous temps et de tous ordres (l'un des pianos de Chopin en est l'une des pièces maîtresses) et des scènes qui reconstituent, avec un réalisme surprenant, les salons de musique d'autrefois.

- le ***musée folklorique*** (*Trøndelag Folkemuseum, au sud-ouest de la ville*), qui est un musée « de plein air » ; les maisons anciennes (la plupart du XVIIe s.) évoquent notamment la vie rurale dans le grand Nord, on y découvrira aussi l'histoire du ski.

- ***Kjøpmannsgate***, rue bordée d'énormes entrepôts en bois, date de l'époque des marchands et des armateurs du temps de la Renaissance, on franchira le **pont de Gamlebybru**, d'allure orientale, jeté sur la Nidelva, et l'on admirera les maisons en bois sur pilotis.

Enfin, il faut rappeler l'animation créée par les fêtes de la Saint-Olav qui se déroulent à Trondheim durant la dernière semaine de juillet.

Røros

Sur la route 30, vers Oslo, à 150 kilomètres au sud-est de Trondheim, Røros est une ville pittoresque dans la montagne dont les vieilles maisons de bois, noircies par le charbon, apparaissent à l'horizon comme d'énormes terrils. Les mines ne sont plus en service depuis 1977, les 5 400 personnes qui vivent dans cette région peu peuplée, se satisfont aujourd'hui d'exploiter la forêt et de pratiquer l'élevage.

Porte de la route suédoise « du cuivre », Røros, dans un environnement plaisant, est aussi une station de détente, à la fois estivale et hivernale. L'exploitation minière avait débuté au milieu du XVIIe siècle, Christian IV de Danemark s'attacha à mettre en valeur les gisements de cuivre et d'argent, et c'est à lui que l'on doit la construction de la ville, originale, toute en bois, aux maisons en rondins apparents sur deux niveaux. L'ensemble est aujourd'hui entièrement classé et protégé et fait actuellement l'objet d'un programme de restauration et de mise en valeur.

Le vieux **quartier des mineurs**, qui comprend une centaine de maisons, est constitué en une sorte de « musée de plein air »,

La ville de Røros, tout en bois, est classée Monument historique, seule son église est en pierre.

évoquant la vie d'une cité industrielle aux XVIIe et XVIIIe siècles. Seule l'***église***, achevée en 1784, est en pierre ; elle se substitua alors à la précédente, construite en 1650, qui était en bois. Sa décoration intérieure de dorures sur fonds blancs et bleus est tout à fait caractéristique du style régional, inspiré de l'art suédois du temps. Il faut aussi voir la ***vieille gare*** édifiée en 1877, pleine de charme, le ***musée de la Presse***, avec sa dernière imprimerie traditionnelle scandinave.

À 13 kilomètres, le ***musée de la Mine*** (*dit « la mine d'Olav », Olavsgruva, liaison par car depuis Røros, visite guidée uniquement, jusqu'à 6 par jour en été*) évoque trois siècles d'exploitation ; on y verra notamment Nyberget, ancienne mine (1650), à 50 mètres de profondeur et l'original théâtre aménagé dans le « hall des mineurs ».

Au sud-est de Trondheim, par la route 6 vers Dombås (et Oslo), on peut aussi faire étape, à 122 kilomètres, à **Oppdal**, important centre de villégiature et d'excursions en montagne, et son musée Régional et à **Vang**, très grand cimetière viking.

La route du Grand Nord

À 125 kilomètres au nord de Trondheim, **Steinkjer** (10 000 habitants) joua un rôle important en Norvège du Nord avant la fondation de Nidaros; elle offre aujourd'hui l'aspect d'une cité d'avant-garde car elle a dû être entièrement reconstruite après la Seconde Guerre mondiale. La région est réputée pour ses nombreuses gravures rupestres, il ne faut pas manquer d'aller admirer celle de ***Bølarein***.

C'est sur le port de **Namsos** (68 km de Steinkjer, 9 000 habitants) que débarquèrent en mai 1940 les Chasseurs Alpins français commandés par le général Bethouart. Trois centres d'intérêt aujourd'hui, en plus de l'animation portuaire le ***Namdalsmuseum*** (collections relatives à la région du Namdal), l'église moderne et le point de vue découvert depuis le Spillumfjell.

Renseignements sur la région : www.trondelag.com

Office de tourisme de Trondheim : *Trondheim Aktivum, Munkegate 19*, tél. 73 80 76 60. www.visit-trondheim.com Aéroport international à Voernes (35 km), liaison par navettes.

Office de tourisme de Røros : *Peder Hiortsgate 2*, tél. 72 41 00 00. www.rorosinfo.com

Office de tourisme d'Oppdal : *Oppdal Skysstasjon*, tél. 72 40 04 70. www.oppdal.com

Office de tourisme de Steinkjer : *Namdalsveien 11*, tél. 74 16 36 17. www.rv17.no

Office de tourisme de Namsos : tél. 74 21 73 13. www.rv17.no

LA NORVÈGE DU NORD

Cinq cent mille personnes à peine (dont un peu plus de 20 000 Lapons) vivent aujourd'hui dans les immenses « comtés » que sont le Nordland, le Troms et le Finnmark ; ces deux derniers correspondant à ce que l'on appelle parfois la Laponie norvégienne. Il faudrait aussi associer à cette Norvège du Nord le lointain Spitzberg, territoire placé sous administration norvégienne, mais au statut mal défini, le Royaume ne pouvant en revendiquer la possession.

Pour le voyageur, ce Grand Nord est d'abord le pays du « soleil de minuit », au Nordkapp (voir chapitre suivant « L'Extrême Nord »), pendant plus de deux mois, l'astre ne se couche pas. Si le temps est beau, la traversée, de Trondheim à ce point extrême (4 jours de route au minimum) sera un émerveillement. À la qualité des paysages découverts s'allie une luminosité qui transporte dans une sorte de monde irréel ; à partir de six heures le soir et jusqu'au lendemain matin à la même heure, tout est baigné d'une teinte argentée, aux reflets parfois rosés, parfois flamboyants. Sur les hauts plateaux balayés par les vents, seule la toundra règne ; mais dans les vallées profondes, on trouve une végétation étonnamment abondante, des bois de bouleaux ou d'épicéas. On admirera aussi les glaciers étincelants, les fjords, qui n'ont rien de commun avec ceux de la Norvège occidentale, aux teintes crues et splendides, les torrents d'écume, les cascades grondantes comme le tonnerre ; car de

Les îles Lofoten sont surmontées de massifs montagneux de 1300 mètres d'altitude. En été, une lumière particulièrement étrange, éclaire leurs paysages.

La Norvège du nord

mai à août, toute la montagne fond. Bien sûr, à l'intérieur des terres, il y a le désagrément que causent les moustiques et autres insectes suceurs de sang… C'est la raison pour laquelle certains voyageurs préfèrent visiter le pays en mai ou en août-septembre ; l'automne, en outre, apporte sa féerie de couleurs. Il prélude à l'hiver qui va être interminable, dur et parfaitement obscur.

La route de Narvik

À 165 kilomètres au nord de Steinkjer, c'est-à-dire à la limite entre le Nord Trøndelag et le Nordland, s'établit, à **Majavatn**, le premier contact avec les Lapons ; c'est en effet un lieu de rassemblement des « Lapons des montagnes » (s'arrêter pour voir leur église).

À 100 kilomètres au-delà, **Mosjøen** est un centre industriel (aluminium) de 10 000 habitants, sont à y voir les vieilles maisons et le musée de plein air.

Mo i Rana

(on dit généralement Mo)

La « Route Bleue » suédoise (la frontière n'est qu'à 40 km) aboutit dans cette commune extrêmement étendue (20 000 habitants) que traverse la route E6 à 90 kilomètres au-delà de Mosjøen. Au fond du Ranafjord, elle doit à l'exploitation du fer son essor actuel et l'on y découvrira notamment la très moderne fonderie, deuxième en importance du pays. Mais c'est aussi une étape très prisée des voyageurs, point de départ d'excursions dans des paysages féeriques ; on ira voir le ***musée des Arts et Traditions populaires*** de Rana (*Rana Bygdemuseum, le musée dépend de l'hôtel Meyergården*).

À 9 kilomètres de Mo, les ***grottes de Grønli***, grottes calcaires de l'époque glaciaire, peuvent faire l'objet d'une promenade intéressante (visite guidée le long d'un parcours éclairé dans les boyaux souterrains). Sur la même route, on aboutit au massif de **Svartisen**, deuxième glacier de Norvège par son étendue, celui-ci aboutit à la mer dans le Holandsfjord (visible depuis la RV17), où flottent, devant son front, des icebergs.

À 70 kilomètres au-delà de Mo, sur la E6, une borne signale que l'on franchie à 650 m d'altitude, **Polarcirkelen**, le Cercle polaire arctique.

Ici, sur le haut-plateau de Saltfjell, s'étend un paysage à la fois merveilleux et désolé ; le passage de cette ligne imaginaire ne laisse pas indifférent. On peut d'ailleurs se procurer un certificat de passage du Cercle à la cafétéria du ***Centre touristique du cercle polaire*** (*Polarcirkelsenteret, ouvert du 1er mai au 31 octobre de 8 h à 22 h*). Ce dernier propose des expositions et des projections qui donnent à voir et à comprendre les spécificités et les richesses de la culture de la Norvège du Nord. Le haut-plateau de Saltfjell est aussi une terre lapone, avec des troupeaux de rennes qui en été recherchent la fraîcheur des plaques de neige persistantes, et des sites de rituels chamaniques.

ROUTE NATIONALE 17

Entre Steinkjaer et Bodø, ceux qui préfèrent la route côtière (RV17) sont de plus en plus nombreux. Le parcours nécessite plus de temps que la E6 (prévoir deux jours minimum), mais les amateurs de paysages grandioses et de nature exceptionnelle seront comblés. Fjords, détroits, montagnes de légende, glaciers, petits ports pittoresques, campagne fleurie, le tout relié par une succession de ferries, dont certains font de véritables mini-croisières. Informations complètes : www.rv17.no

Bodø

110 kilomètres plus loin, avant d'atteindre Fauske, où l'on bifurquera à gauche dans la route 80 pour gagner, à 63 kilomètres, Bodø est l'un des grands ports du nord de l'Europe. Dans un site montagneux et marin, Bodø (33 000 habitants) n'est pas qu'une ville de pêcheurs de harengs, c'est aussi une importante base militaire navale et aérienne et un centre industriel traitant les produits de la pêche. Escale de l'***Express Côtier***, terminus des lignes ferroviaires norvégien-

Le macareux au bec orange est l'oiseau le plus fréquemment rencontré sur les côtes et les îles de Norvège.

nes, dotée d'un aéroport très actif, elle est aussi un carrefour commercial. Très étendue, elle avait été détruite aux deux tiers en 1940, reconstruite après la guerre, elle offre l'aspect d'une cité très moderne. On y visite la cathédrale (1956) aux beaux vitraux, le ***Nordland Fylkesmuseum*** (*Prinsensgate 116, ouvert en été, en semaine, de 9 h à 15 h, samedi et dimanche de 10 h à 15 h*) qui évoque la vie des pêcheurs dans le Nord à travers les siècles (devant l'entrée, très beau bateau de pêche à rames de 1890) et qui dispose de bonnes collections archéologiques (7 000 ans avant J.-C.), de numismatique et de la période viking. Le ***musée national de l'Aviation*** (*Nouk Luftfarsmuseum, Olav V Gate, ouvert tous les jours de 10 h à 17*), propose une divertissante collection d'avions, avec démonstration de vols de ballons et un simulateur de vol.

À 35 kilomètres au sud, par Straumen, le très célèbre phénomène du tourbillon marin, le **Saltstraumen** (rétrécie par rapport à l'intérieur du fjord) à l'entrée du Saltfjord, peut être observé à marée descendante et montante. Enfin, des excursions sont organisées aux îles Lofoten et Vesterålen (voir plus loin).

Narvik

Étirée au fond de l'Ofotfjord, la métropole portuaire du fer de Kiruna (un train toutes les heures pour la Suède), est encore à une journée de route de Bodø (*280 km, 920 km de Trondheim*). On touche là vraiment le Grand Nord et l'on peut s'étonner que plus de 14000 personnes parviennent à vivre, sur le territoire de la commune, à cette latitude où le climat hivernal n'est pas des plus cléments.

Un peu d'histoire

Narvik doit son existence au fer suédois, à cause de son port libre de glace toute l'année ; elle commença à en être le port exportateur vers la Grande-Bretagne dès 1883. Six ans plus tard, autour de celui-ci, avait vu le jour une cité baptisée par les Anglais, Victoria Harbour. Le tonnage des marchandises en fait aujourd'hui le second en importance, au niveau commercial, du pays. De plus en plus, les échanges s'effectuent par la voie aérienne (pour ce qui est des personnes) avec le reste du pays. Pendant toute la première moitié de notre siècle, le fer qu'exportait Narvik fut très convoité. Il motiva, en avril 1940, l'intervention des nazis qui bien entendu voulaient priver les Anglais d'une matière première indispensable à leurs usines d'armement. Toute l'Europe alors en guerre s'en mêla, ce fut l'occasion de l'intervention du Corps Expéditionnaire Français qui dépêcha là-bas en plein hiver, une division de Chasseurs alpins.

Le ***musée de la Guerre*** (*Krigsminnemuseum*) évoque la mémoire des combats, conduits depuis Harstad, plus à l'ouest. Aujourd'hui, dans le fjord, les épaves des bateaux coulés ont été conservées pour la mémoire. Un funiculaire conduit, à 656 mètres d'altitude au sommet du **Narvikfjellet** d'où l'on peut contempler l'ensemble du site mais aussi admirer en juin et juillet le « soleil de minuit ». À 3 kilomètres de là, une stèle est élevée à la mémoire des 300 soldats français tués au cours des combats.

En hiver, Narvik attire les amateurs de ski alpin.

Les îles Vesterålen et Lofoten

Il s'agit de deux groupes d'îles séparés par un étroit bras de mer ; l'***Express Côtier*** l'emprunte en passant par Stamsund, Svolvær, Stokmarknes, Sortland et Risøyhamn. Indépendamment de cette relation maritime, les îles communiquent entre elles par des ponts routiers, et depuis 2007, les deux archipels sont reliés par la route (pont à péage sur le détroit de Raftsund).

Immense territoire dont les ports de pêche à la morue bordent les côtes (la pêche s'effectue entre janvier et avril, dans des eaux non prises par les glaces), il est composé, sur 150 kilomètres du sud-ouest au nord-est, par plus de quatre-vingts massifs montagneux dressés au-dessus de la mer, souvent à la verticale. Les plus impressionnants d'entre eux, aux Lofoten, atteignent 1300 mètres d'altitude ; leur apparition, dans les brouillards, suscite le vertige.

Les îles Lofoten sont peuplées essentiellement de pêcheurs et leur accès est facilité par de nombreux ponts.

En été, quand la lumière de pastel rend encore plus étranges ces lieux fascinants, on peut s'étonner de l'abondance des maisons de bois peintes aux couleurs bariolées et du nombre des petits bateaux de pêche amarrés au rivage. Entre septembre et mai, on ne voit pratiquement rien ; dans la houle et le brouillard, les pilotis qui soutiennent certains lieux habités, ou même les filets sur lesquels les poissons sont mis à sécher ne se devinent parfois même pas à quelques mètres. Et pourtant, près de 70 000 personnes vivent là (30 000 aux Lofoten, 35 000 aux Vesterålen).

À la belle saison, on apprécie les plages de sable fin, superbes, surprenantes dans un décor aussi étrange. Et, toute l'année, il est possible d'observer des milliers d'oiseaux.

À la pointe de l'île Lofoten, avant d'arriver au village de **Å**, Sørvågen et Nusfjord sont deux villages de pêcheurs parfaitement préservés. Ses bâtiments typiques du XIXe évoquent l'histoire de la pêche au cours des deux siècles passés. L'occasion de déguster de l'huile de foie de morue…

Mais la grande attraction des îles Vesterålen, ce sont les baleines. **Andenes**, tout au nord, sur la pointe de l'île d'Andøy, est véritablement dédiée à ce mammifère marin. On y trouve un musée (*Hvalsenteret, tél. 76 11 56 00*), soutenu par le WWF, qui donne toutes les informations qu'on peut souhaiter sur les baleines. D'autre part, un safari est organisé en été pour aller les observer en bateau. Une excursion à ne pas manquer.

Depuis Narvik, pour atteindre les Vesterålen et les Lofoten par la route, on franchit plusieurs ponts et l'on emprunte la route E10, qui dessert l'essentiel de l'archipel. On peut aussi s'y rendre par l'***Express Côtier***, qui dessert cinq de ses ports ; c'est un beau voyage, au pied des côtes déchiquetées et autour des promontoires qui surgissent de la mer. On peut aussi utiliser l'avion ; aéroports de Leknes et de Svolvaer pour les Lofoten (*compagnie Wideroe*), et aéroports d'Evenes (*Harsta*d) et Andenes pour les Vesteraalen (*compagnies Wideroe, SAS et/ou Norwegian*).

Les archipels, sublimes, que parcourent des routes étroites se faufilant entre les montagnes, sont un vrai paradis ornithologique. On l'appréciera notamment en effectuant l'ascension du **Reka** (sommet des Vesterålen, 607 m), et si l'étape s'avère tentante, on pourra louer, pour quelques jours, un « *rorbu* », ancienne maison de pêcheur, ou logement construit dans le même style.

Le soleil de minuit « brille » de fin mai à fin juillet. La nature aux Lofoten est un prodigieux paradis ; c'est la raison pour laquelle tant d'artistes les fréquentent. Des excursions en bateau sont organisées autour des îles.

RENSEIGNEMENTS PRATIQUES

Office de tourisme de Mo i Rana : *Ole Tobias Olsensgate 2*, tél. 75 13 92 00. www.arctic-circle.no

Office de tourisme de Bodø : *Sjøgata 3*, tél. 75 54 80 00. www.visitnordland.no, www.visitbodo.com

Office du Tourisme de Narvik : *Kongensgate 57*, tél. 76 96 56 00. www.narvikinfo.no Aéroport international à Evenes (70 km). Gare ferroviaire : terminus de la ligne venant de Suède.

Offices de tourisme des îles Lofoten et Vesterålen :

à Sortland pour les Vesterålen : *Vesteraalen Turistinformasjon, Kjöpmannsgt. 2*, tél. 76 11 14 80, www.visitvesteralen.com ;

à Svolvær pour les Lofoten : *Destinasjon Lofoten, Torget 15*, tél. 76 06 98 00. www.lofoten.info.

Liaisons aériennes au départ de Bodø vers Svolvoer, Slokmarkness, Leknes, Evenes, Andenes.

Liaisons maritimes depuis Bodø vers Moskenes, Røst et Voerøy. Renseignements à l'Office de tourisme de Bodø.

LE SPITZBERG

UNE NATURE EXCEPTIONNELLE ET TRÈS PRÉSERVÉE

Spitzberg est en fait le nom de la principale île de l'archipel de Svalbard, vaste territoire de plusieurs centaines d'îles et îlots couvrant au total 62000 km². Ce territoire n'a été reconnu « norvégien », en 1925, que par le jeu des circonstances.
Seule l'île de Spitzberg est habitée. La « population » totalise environ 3000 personnes, dont les deux tiers sont de nationalité russe, exploitant des mines de charbon.
L'intérêt touristique du Spitzberg réside principalement dans ses paysages de montagnes grandioses, ses glaciers et sa faune sauvage (ours polaires, morses, phoques, baleines, oiseaux de mer). On se méfie des ours, très dangereux, car ils n'hésitent pas d'attaquer les humains ; d'ailleurs, les guides qui accompagnent les randonneurs et les croisiéristes en excursion, sont armés de fusils à lunette.
Le Spitzberg est également le lieu où a été construit « l'arche de Noé végétal », une banque mondiale conservant des millions d'échantillons de graines. Inauguré en février 2008, elle conserve à – 18 °C des graines principalement de cultures vivrières, les préservant des catastrophes naturelles, guerres, changements climatiques. Ainsi, si une diversité de culture vient à disparaître, l'État pourra récupérer les graines qu'il a déposées.
L'ancien village minier Ny-Ålesund est aujourd'hui une cité scientifique internationale. La France y possède deux stations de recherche : la base Jules Rabot dans le village, et la base Jean Corbel à 5 km à l'est du village, cette dernière étant la plus ancienne des stations scientifiques (créée en 1964) de l'archipel.

UN SÉJOUR SUR L'ÎLE

Le tourisme au Spitzberg est sévèrement réglementé et encadré, pour des raisons de sécurité et de protection de la nature. Il n'existe aucun réseau routier ; les déplacements se font à pied ou en bateau en été (les côtes sont généralement libres de glace entre la mi-juin et la mi-septembre), en motoneige, traîneau à chiens ou à ski en hiver. Ce territoire, qui touche le parallèle des 80° Nord, à 1 100 kilomètres du Pôle Nord, est plongé dans la nuit polaire d'octobre à mars, par des températures pouvant descendre jusqu'à -50 °C. Entre fin avril et fin août, le Spitzberg bénéficie de la lumière permanente du soleil de minuit, mais les températures restent basses, entre -2 et + 8 °C en juillet et en août.
Depuis la Norvège, on s'y rend en avion : 1 h 30 de vol entre Tromsø et Longyearbyen (environ 1 000 habitants, plusieurs hôtels et restaurants, boutiques et un musée (le musée de Svalbard). Sur place, des croisières sont organisées sur l'Isfjord, le long de la côte ouest et autour de l'île de Spitzberg. On y organise également des séjours de randonnée, et de kayak de mer. En mars, avril et mai, on peut participer à des safaris de motoneige et de traîneau à chiens, et à une randonnée à ski.

Le Spitzberg peut s'assimiler par ses paysages à un désert glacé.

L'EXTRÊME-NORD

Les deux départements du Troms et du Finnmark, ou plus généralement la Laponie norvégienne, sont à la fois les plus vastes et les moins peuplés du pays. Il faut s'attendre, pendant des heures de route, à traverser des étendues désertiques et pas toujours par beau temps, en outre, les routes ne sont pas partout revêtues, une grande prudence s'impose donc, d'autant plus que l'on risque à chaque instant de faire la rencontre de quelques rennes ou de quelques élans. Le vent souffle, la végétation est rare ; en mai et en août, on peut même essuyer des tempêtes de neige. Mais, si l'été est court, il peut aussi faire très chaud, l'atmosphère est alors sèche et il n'est pas rare que le thermomètre annonce plus de 20 °C.

LE TROMS

Tromsø

Sur un site occupé depuis 4000 ans au moins, au pied du Tromsdalstind, le chef-lieu du Troms, port principal de la Norvège du Nord, est la commune la plus étendue de Norvège (2500 km^2), où vivent environ 60000 personnes, dont 20000 sont établies dans la ville elle-même. Une ville très vivante, aux maisons de bois

Dans les étendues du Grand Nord, la végétation se fait rare, les côtes escarpées, le vent toujours fréquent et la mer violente même en été.

La ville de Tromsø, très vivante, est la plus étendue de Norvège ; elle a souvent été une base d'expéditions polaires.

peintes de couleurs vives, dotée depuis 1972 d'une université, qui en fait à la fois une cité jeune et savante. Elle fut longtemps une base d'exploration dans les mers du septentrion et de chasse à la baleine, activité aujourd'hui quasiment abandonnée, elle n'en demeure pas moins un port de pêche d'importance. En sa qualité de ville principale du Grand Nord norvégien, elle entretient aussi des échanges commerciaux avec le reste du pays, son activité principale demeurant la transformation des produits de la pêche, son activité secondaire étant celle du traitement des fourrures. L'***Express Côtier***, qui y fait escale, laisse à ses passagers (sur le trajet sud-nord), le temps de visiter la ville. Mais d'autres services maritimes (et aériens) permettent de se rendre dans l'Océan glacial; cette ancienne base d'expéditions polaires (d'où appareilla notamment E. Carlsen pour entreprendre l'exploration du Spitzberg en 1863), devenue centre scientifique en matière de météorologie et de sismographie, permet de partir à la découverte, par avion ou par bateau, des mers et des territoires pris par les glaces pratiquement toute l'année.

On découvrira à Tromsø la «cathédrale de l'Arctique» dite plutôt «des neiges», située à **Tromsdalen**, proche du grand pont à haubans jeté sur le détroit. C'est un ouvrage d'architecture audacieuse, datant de 1965. Il ne faut pas manquer non plus le panorama depuis Storsteinen (420 m au-dessus de la mer), que l'on atteint par téléphérique. C'est aussi l'endroit idéal pour admirer le «soleil de minuit» entre fin mai et fin juillet, et les aurores boréales en hiver.

À 4 kilomètres, dans Folkeparken, le ***musée de Tromsø*** (*Tromsø Museum, Lars Thøringsveg 10, 9 h à 18 h tous les jours, hors saison 11 h à 17 h*), dépendant de l'Université archéologie, propose plusieurs sections : ethnographie, histoire de la Norvège du Nord et de la Laponie, art religieux, art populaire, botanique, zoologie arctiques. Méritent également une visite : le ***musée Polaire*** (*Polarmuséet, Søndre Tollbugate 11, 11 h à 17 h tous les jours, hors saison 11 h à 15 h*), qui retrace l'histoire des expéditions polaires, et le nouveau centre Polaria, situé sur le port, qui présente la faune et la flore de la région polaire.

Si le temps le permet, et en fonction de l'horaire dont on disposera, nous conseillons aussi vivement de participer à l'un des safaris organisés autour des multiples « îles aux oiseaux » ou de prendre part à l'un des circuits en bateau le long des fjords. Au sujet de Folkeparken, ce vaste domaine abrite un institut de recherches scientifiques, un observatoire des aurores boréales, une station de biologie marine, un aquarium.

Fugløy, la grande « île aux oiseaux », peut être survolée en avion ; particulièrement protégée, il est interdit d'y atterrir ou d'y débarquer.

LE FINNMARK

La grande solitude s'accentue, tout est démesuré ; en été, le soleil cristallise tout ce qu'il touche, d'une lumière qui peut être éblouis-

sante ou qui adopte des tons de pastel, blanchie par les glaciers, les cimes enneigées, les eaux bleutées des grands fjords. Il faut souvent s'arrêter ; un troupeau de rennes n'en finit pas de traverser la route, des élans surgissent. Quelques villes, à l'allure américaine, jalonnent le parcours, comme pour conjurer la rudesse du climat. Pourtant, le « courant norvégien », maritime, adoucit considérablement celui-ci le long des côtes, où il n'est pas rare de voir des fleurs ou des bois de sapins ou de bouleaux. Environ 400 familles de Lapons nomades peuplent le Finnmark, elles se partagent le territoire entre quatre districts d'élevage de rennes : Kautokeino, Karasjok, Tana/Polmak et Varanger. Sur ces hautes terres, on peut aller visiter à **Karasjok** (75 km de Lakselv, 2 700 habitants), le ***musée de la Civilisation lapone*** *(« Sapmi », Temapark, conçu par les Samis et présentant leur mode de vie traditionnel, ouvert tous les jours 8 h à 19 h, hors saison de 9 h à 16 h)* On pourra assister à Pâques, aux fêtes lapones de **Kautokeino** (130 km d'Alta, 3 000 habitants).

Alta

À environ 200 kilomètres du cap Nord, on découvre, au sein de cette commune la plus peuplée du Finnmark (16 000 habitants), la vraie ville du Grand Nord norvégien avec ses solides maisons de bois dans de larges avenues, ses grands magasins et leurs cafétérias autour desquels gravite toute la vie. L'activité principale, l'extraction de l'ardoise, a fait la fortune de la ville ; l'exploitation

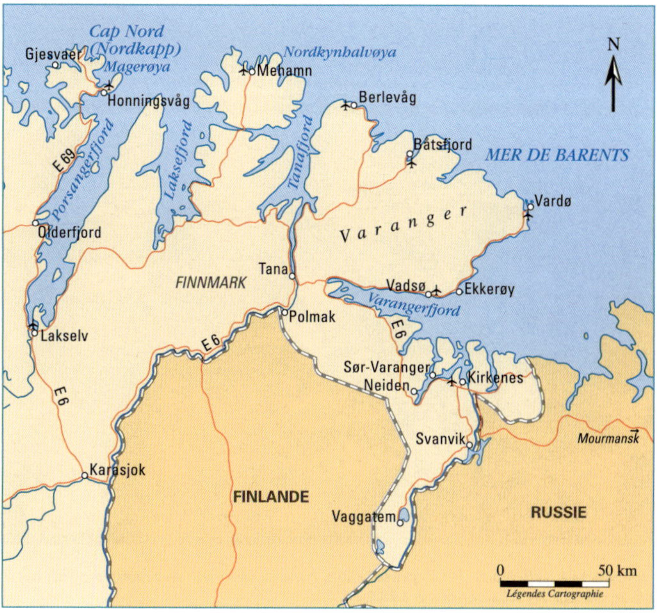

des mines, les usines de transformation du bois et la pêche sont également très développées. Les gravures rupestres voisines, qui jouxtent le ***musé d'Alta***, attestent que la région a été occupée dès l'époque préhistorique ; le site est classé et appartient au patrimoine mondial de l'humanité.

Hammerfest

Tourmentée par les vents, la ville (9 500 habitants) la plus septentrionale du monde est aussi l'une des plus modernes ; comme toutes les villes du nord de la Norvège, elle vit principalement du traitement des produits de la pêche. Elle est aussi une base d'armement naval et un centre d'usines d'armement. Rasée par les Allemands en 1944 et entièrement reconstruite depuis, elle est située sur l'**île de Kvaløy** et reliée au continent par un pont. L'***Express Côtier*** comme il se doit, y fait escale. La route qui dessert l'île est particulièrement pittoresque, bien que le parcours en soit parfois dur. À Hammerfest même, où des services maritimes sont assurés avec le cap Nord par Honningsvåg, on pourra visiter le ***musée de l'Ours polaire*** et la très moderne église où des concerts sont donnés en été. Le « soleil de minuit » y est apparent de la fin mai à la fin juillet.

Hammerfest, ville étape de l'Express Côtier, a été entièrement reconstruite après avoir été rasée par les Allemands en 1944.

LA PÊCHE À LA BALEINE

La Norvège a été l'un des berceaux de la pêche traditionnelle de la baleine au harpon. Avant le XIXe siècle, les baleiniers étaient de petites embarcations de 9 m sur laquelle 6 hommes partaient affronter la bête, le harpon à la main. Mais en 1864, Sven Foyn invente le canon-harpon à charge explosive ; avec cet engin, la baleine n'a plus guère de chance face à l'homme. L'ère de la pêche industrielle vient de commencer. Une fois le cétacé harponné, la charge explose à l'intérieur du corps, tuant l'animal sur le coup, il ne reste plus qu'à le faire monter à bord d'un bateau-usine qui se charge de le dépecer et de stocker la viande et l'huile extraite.
Cette pêche dévastatrice se poursuit jusque dans les années 1960, après quoi elle est définitivement interdite car la plupart de espèces de baleines peinaient à se reproduire et se trouvaient ainsi menacées d'extinction.
Malgré tout, en 1993, la Norvège a repris la pêche du petit rorqual qui vit en grand nombre dans ses eaux, cela contre l'avis du WWF et d'autres organisations internationales. Le nombre de rorquals pêchés est fixé par quota annuel et sa viande est principalement consommée localement.

Le cap Nord (*Nordkapp*)

Terme par excellence du voyage norvégien, ce n'est pourtant pas un site particulièrement passionnant, si ce n'est par sa falaise dressée à 309 mètres au-dessus de l'Océan glacial, et la route qui y mène à travers des paysages particulièrement « torturés ». Ce qui importe c'est d'y être parvenu et d'en être revenu, comme ébloui.

Par 71° 10' 21" de latitude nord, il doit son nom norvégien à un marin anglais, Richard Chancellor qui, au XVIe siècle se trouva contraint d'y accoster, lors d'une tempête comme il n'est pas rare d'en éprouver dans la région, alors qu'il tentait (et parvint) d'atteindre la Chine par les mers du Nord. Nombre de gens célèbres ont cherché depuis à atteindre le cap Nord par la voie maritime, la seule demeurée longtemps praticable. La route depuis Honningsvåg ne fut en effet ouverte à la circulation qu'en 1956. Aujourd'hui, on estime à 100 000 par an le nombre des personnes qui empruntent l'itinéraire.

On trouvera au terme du voyage, et beaucoup le déplorent, la plus importante et la plus chère des boutiques de souvenirs de Scandinavie. Cela étant dit, un diplôme est délivré aux visiteurs. Il vaut ce qu'il vaut mais témoignera de la traversée de domaines fantastiques. À noter également, les droits de péage qui sont prélevés pour accéder au plateau du Cap.

Jusqu'en 1999, il fallait prendre le ferry pour atteindre Honningsvåg, ceci occasionnant de longues heures d'attente en été.

Le cap Nord qui culmine à 307 mètres au-dessus de l'océan Glacial Arctique, est la destination finale d'un voyage en Norvège.

Aujourd'hui la E69 relie directement Olderfjord à Honningsvåg par un tunnel (à péage) routier creusé sous la mer.

Honningsvåg est un important relais maritime de 5 000 habitants. À partir de là, une route de 35 kilomètres mène au site fameux du cap Nord ; des autobus s'y rendent (*4 bus par jour en été, pas de transport en hiver*).

Sur l'**île Magerøya** (celle du cap Nord), à 40 kilomètres au sud-ouest du grand site, des excursions peuvent être organisées au départ de Gjesvaer vers l'île aux oiseaux, **Gjesvaerstappen**.

Il faut aussi noter, d'une part que **Honningsvåg** est desservie toute l'année par l'***Express Côtier*** et d'autre part que la route menant au cap Nord n'est accessible qu'en convoi précédé d'un chasse-neige.

Vadsø

On parvient là presque au terme du voyage nord oriental, la commune de 6 000 habitants, escale de l'***Express Côtier***, majoritairement habitée par des personnes d'ethnie finnoise (elle porte d'ailleurs quatre noms, dont un finlandais, un lapon et un russe) avait été passablement endommagée par un bombardement soviétique en 1944. Aujourd'hui cité moderne, elle vit surtout, sur la rive nord de l'immense Varangerfjord, de la pêche au capelan et des industries qui en dérivent. Le musée municipal est pratiquement consacré entièrement aux traditions finnoises. À **Ekkerøy**, non loin de la ville, des sites préhistoriques sont à découvrir.

C'est par Honningsvåg que l'on joint par une route de 35 km le site du cap Nord.

Office de tourisme de Tromsø : *Kirkegata 2,* tél. 77 61 00 00. www.destinasjontromso.no. Aéroport à 4 km au nord de centre, liaisons pour Kirkenes, Lakselv, Alta, Narvik, Bergen, Oslo ; Navette assurée par bus. Escale de l'Express Côtier.

Office de tourisme d'Alta : *Sentrumsparken 4,* tél. 78 44 50 50. www.destinasjonalta.no

Office de tourisme d'Hammerfest : *Hamnegata 3,* tél. 78 41 31 00. www.hammerfest-turist.no.

Office de tourisme de Honningsvåg : *Nordkapp Reiseliv, Fergevelen 4,* tél. 78 47 70 30. www.nordkapp.no

Office de tourisme de Vadsø : *Kirkegata 5,* tél. 78 94 04 44. www.varanger.com

Office de tourisme de Vardø : *Kaigata 12,* tél. 78 98 82 07. www.varanger.com.

Office de tourisme de Kirkenes : *Sør-Varanger Reiseliv, Presteveien 1,* tél. 78 99 25 44. www.kirkenesinfo.no.

Vardø

À 530 kilomètres à l'est de Hammerfest par la route, la ville la plus orientale de la Norvège, important port de pêche, compte plus de 3 000 habitants. Dès le XIVe siècle, pour combattre l'influence russe la citadelle de Vardøhus fut édifiée. La citadelle actuelle date du XVIIIe siècle et fit l'objet de durs combats en 1944, reconstruite depuis, elle est occupée par les forces navales norvégiennes qui y ont aménagé un musée dont la pièce maîtresse est un « poteau des Rois » médiéval. La ville est reliée à l'île voisine par un tunnel, ouvrage d'art qui n'a d'autre intérêt que son témoignage de reconnaissance aux libérateurs russes en 1945.

Kirkenes

Terminus de l'***Express Côtier*** (Bergen, à l'autre terme, est à six jours de voyage), la ville principale de la commune de **Sør-Varanger** (5 000 habitants) occupe le fond d'un fjord au sud de l'immense Varangerfjord, à 175 kilomètres par la route de Vadsø. Toute proche de la frontière de la Russie, cette grande cité moderne, entièrement reconstruite après la Seconde Guerre mondiale, est au cœur des plus importants gisements de fer de Norvège. Le ***musée de Sør-Varanger*** est formé de trois composantes : à Neiden, la chapelle des Lapons (XVIe s.) de religion russe orthodoxe, la cour de Bjorklundgård à Svanvik (35 km au sud de Kirkenes) et la ferme de Noattum, près de Vaggatem. Depuis peu, Kirkenes est le point de départ pour des safaris de pêche au crabe géant, et la ville développe des activités en hiver, comme des safaris en motoneige et en traîneau à chiens, et une nuit en hôtel de glace.

INDEX

Alta **113**
Andalsnes **54**
Andenes **89**
Arendal **66**
Aurland **83**
Balestrand **84**
Bergen **73**
Bodø **103**
Borre **63**
Bygdøy **55**
Cap Nord **115**
Drammen **61**
Egersund **68**
Eidfjord **79**
Fagernes **93**
Finnmark **112**
Florø **84**
Flåm **82**
Fredrikstad **61**
Fugløy **112**
Geilo **79**
Geirangerfjord **89**
Grimstad **67**
Hamar **92**
Hammerfest **114**
Hardangerfjord **78**
Haugesund **72**
Heddal **64**
Honningsvåg **118**
Horten **62**
Karasjok **113**
Kaupanger **84**
Kautokeino **113**
Kirkenes **119**
Kongsberg **62**
Kragerø **66**
Kristiansand **67**
Kristiansund **90**
Île de Kvaløy **114**
Larvik **63**
Lillehammer **92**
Îles Lofoten **105**
Løken **61**
Majavatn **102**
Måløy **84**
Mandal **68**
Mo i Rana **102**
Molde **90**
Moss **61**
Myrdal **82**
Namsos **100**
Narvik **105**
Nordfjord **84**
Oppdal **100**
Oslo **50**
Otta **93**
Ringebu **93**
Ringsaker **93**
Rjukan **65**
Røros **99**
RV 17 **103**
Île de Runde **89**
Sandefjord **63**
Skien **66**
Sognefjord **81**
Søndre Brekke **66**
Stavanger **69**
Steinkjer **100**
Storfjord **86**
Stryn **85**
Tønsberg **63**
Tromsdalen **111**
Tromsø **110**
Trondheim **95**
Vadsø **118**
Vardø **119**
Vågåmo **90**
Île Valderøy **86**
Venstrop **66**
Îles Vesterålen **105**
Vik **78**
Vinstra **93**
Voss **78**
Ålesund **86**

Éditions Marcus
Tél. 01 45 77 04 04 - Fax 01 45 75 92 52
contact@guidesmarcus.com
www.guidesmarcus.com